국민건강보험법

- 제 1 회 모의고사 -

문항수	총 20문항
비 고	객관식 4지선다형

- 문제지 및 답안지의 해당란에 문제유형, 성명, 응시번호를 정확히 기재하세요.
- 모든 기재 및 표기사항은 "컴퓨터용 흑색 수성 사인펜"만 사용합니다.
- 예비 마킹은 중복 답안으로 판독될 수 있습니다.

각 문제에서 가장 적절한 답을 하나만 고르시오.

1. 다음 ( ) 안에 알맞은 것은?

> 국민건강보험법은 국민의 ( )에 대한 예방·진단·치료·재활과 출산·사망 및 ( )에 대하여 보험급여를 실시함으로써 국민보건 향상과 사회보장 증진에 이바지함을 목적으로 한다.

① 생명·재산 – 건강증진
② 질병·부상 – 건강검진
③ 질병·부상 – 건강증진
④ 생명·재산 – 건강검진

2. 다음은 국민건강보험종합계획의 수립 등에 대한 설명이다. 옳지 않은 것은?

① 국민건강보험종합계획은 3년마다 보건복지부장관이 수립한다.
② 보건복지부장관은 종합계획에 따라 매년 연도별 시행계획을 건강보험정책심의위원회의 심의를 거쳐 수립·시행하여야 한다.
③ 매년 시행계획에 따른 추진실적은 보건복지부장관이 평가하여야 한다.
④ 보건복지부장관은 종합계획의 수립에 따른 추진실적의 평가를 위하여 관계 기관의 장에게 자료의 제출을 요구할 수 있다.

3. 다음 중 건강보험의 가입자 또는 피부양자에 해당하지 않는 사람은?

① 직장가입자의 형제·자매
② 국내에 거주하는 국민
③ 수급권자
④ 직장가입자의 직계존속

4. 다음 중 가입자의 자격취득 시기에 대한 설명으로 옳지 않은 것은?

① 가입자는 국내에 거주하게 된 날에 자격을 얻는다.
② 직장가입자의 피부양자였던 사람은 자격을 잃은 날의 다음 날부터 가입자의 자격을 얻는다.
③ 유공자 등 의료보호대상자이었던 사람은 그 대상자에서 제외된 날에 가입자의 자격을 얻는다.
④ 자격을 얻은 경우 그 직장가입자의 사용자와 지역가입자의 세대주는 그 명세를 보험자에게 신고하여야 한다.

5. 다음 중 보험 가입자의 자격 상실 시기로 옳지 않은 것은?

① 국적을 잃은 날의 다음 날
② 수급권자가 된 날
③ 직장가입자의 피부양자가 된 다음 날
④ 국내에 거주하지 아니하게 된 날의 다음 날

6. 다음 중 공단 사무소 설립에 대한 설명으로 옳지 않은 것은?

① 공단은 법인으로 하여야 한다.

② 공단은 주된 사무소의 소재지에서 법인 설립등기를 함으로써 성립된다.

③ 공단은 분사무소를 둘 수 있다.

④ 공단의 주된 사무소의 소재지는 공단 이사회에서 의결하여 정한다.

7. 다음 중 공단의 임원에 대한 설명으로 옳은 것으로 짝지어진 것은?

> ㉠ 공단의 이사는 15명, 감사는 1명을 둔다.
> ㉡ 이사장과 감사 후보는 임원추천위원회에서 복수로 추천한다.
> ㉢ 감사는 기획재정부장관의 제청으로 대통령이 임명한다.
> ㉣ 상임이사는 보건복지부장관이 임명한다.
> ㉤ 이사장의 임기는 3년, 감사의 임기는 2년으로 한다.

① ㉠㉡㉢

② ㉠㉢㉤

③ ㉡㉢㉣

④ ㉡㉢㉤

8. 다음 중 재정운영위원회에 대한 설명으로 옳지 않은 것은?

① 재정운영위원회는 공단에 둔다.

② 재정운영위원회 위원장은 보건복지부장관이 임명한다.

③ 재정운영위원회는 보험재정에 관련된 사항을 심의·의결한다.

④ 위원 중 공무원을 제외한 재정운영위원회 위원의 임기는 2년으로 한다.

9. 국민건강보험법상 공단의 차입금·준비금·결산에 대한 설명으로 옳지 않은 것은?

① 공단이 6개월간 현금을 차입할 경우 보건복지부장관의 승인을 받아야 한다.

② 공단은 회계연도마다 결산상의 잉여금 중에서 그 연도의 보험급여에 든 비용의 100분의 5 이상에 상당하는 금액을 그 연도에 든 비용의 100분의 50에 이를 때까지 준비금으로 적립하여야 한다.

③ 준비금의 관리 및 운영 방법 등에 필요한 사항은 보건복지부장관이 정한다.

④ 공단은 회계연도마다 결산보고서를 작성하여 다음해 2월 말일까지 보건복지부장관에게 보고하여야 한다.

10. 다음은 법 제41조의3 행위·치료재료 및 약제에 대한 요양급여대상 여부의 결정에 대한 설명이다. 옳지 않은 것은?

① 요양기관은 요양급여대상으로 결정되지 않은 요양급여에 관한 행위에 대하여 요양급여대상 여부의 결정을 보건복지부장관에게 신청하여야 한다.

② 약제의 제조업자·수입업자는 요양급여대상에 포함되지 않은 약제에 대하여 보건복지부장관에게 요양급여대상 여부의 결정을 신청할 수 있다.

③ 요양급여대상 여부의 신청을 받은 보건복지부장관은 보건복지부령으로 정하는 기간 내에 요양급여대상 여부를 결정하여 신청인에게 통보하여야 한다.

④ 보건복지부장관은 대통령령으로 정하는 경우에는 직권으로 행위·치료재료 및 약제의 요양급여대상의 여부를 결정할 수 있다.

11. 다음은 요양급여비용의 산정계약 기일에 대한 설명이다. ( ) 안에 알맞은 것은?

> 계약은 그 직전 계약기간 만료일이 속하는 연도의 ( )까지 체결하여야 하며, 그 기한까지 계약이 체결되지 아니하는 경우 보건복지부장관이 그 직전 계약기간 만료일이 속하는 연도의 ( )까지 심의위원회의 의결을 거쳐 요양급여비용을 정한다.

① 3월 31일 – 5월 31일
② 5월 31일 – 6월 30일
③ 6월 30일 – 7월 31일
④ 9월 30일 – 12월 31일

12. 다음 중 공단이 보험급여를 받을 수 있는 사람에게 보험급여를 하지 않는 경우를 설명한 것으로 옳지 않은 것은?

① 중대한 과실로 인한 사고를 일으킨 경우

② 업무 때 생긴 부상으로 산업재해보험의 보상(補償)을 받게 되는 경우

③ 중대한 과실로 급여 확인에 관한 문서의 제출을 거부한 경우

④ 고의 또는 중대한 과실로 공단이나 요양기관의 요양에 관한 지시에 따르지 아니한 경우

13. 다음에서 설명하고 있는 기관의 업무로 볼 수 없는 것은?

> 요양급여비용을 심사하고 요양급여의 적정성을 평가하기 위하여 설립한다.

① 심사기준 및 평가기준의 개발
② 요양급여의 적정성 평가
③ 국민건강보험종합계획의 수립
④ 요양급여비용의 심사

14. 다음 중 보험료에 대한 설명으로 옳지 않은 것은?

① 보험료는 건강보험사업에 드는 비용에 충당하기 위하여 공단이 징수한다.

② 보험료는 가입자의 자격을 취득한 날이 속하는 달부터 가입자의 자격을 잃은 날의 전날이 속하는 달까지 징수한다.

③ 보험료를 징수할 때 가입자의 자격이 변동된 경우에는 변동된 날이 속하는 달의 보험료는 변동되기 전의 자격을 기준으로 징수한다.

④ 보험료를 산정할 때 지역가입자의 월별 보험료액은 세대 단위로 산정한다.

15. 다음 중 보험료 부과제도에 대한 적정성 평가에 있어서 종합적으로 고려할 사항이 아닌 것은?

① 제도개선위원회가 심의한 가입자의 소득 파악 현황

② 공단의 소득 관련 자료 보유 현황

③ 종합부동산세 과세 현황

④ 직장가입자에게 부과되는 보험료와 지역가입자에게 부과되는 보험료 간 형평성

16. 다음 중 보험료를 경감할 수 없는 대상은?

① 60세 이상인 사람

② 국가유공자

③ 장애인

④ 휴직자

17. 그 달의 보험료에 대하여 그 다음 달에 보험료를 납부하여야 한다. 이 때 그 다음달 보험료 납부 기한은?

① 5일

② 10일

③ 15일

④ 25일

18. 다음의 권리 중 행사를 하지 않을 경우 소멸시효가 완성되는 기간은?

┌─────────────────────────────────┐
│ ㉠ 보험료, 연체금 및 가산금을 징수할 권리 │
│ ㉡ 보험료, 연체금 및 가산금으로 과오납부한 금액 │
│   을 환급받을 권리 │
│ ㉢ 보험급여를 받을 권리 │
│ ㉣ 보험급여 비용을 받을 권리 │
│ ㉤ 과다 납부된 본인일부부담금을 돌려받을 권리 │
│ ㉥ 근로복지공단의 권리 │
└─────────────────────────────────┘

① 1년

② 2년

③ 3년

④ 5년

19. 다음은 요양기관의 업무정지 명령에 대하여 설명한 것이다. 옳지 않은 것은?

① 업무정지는 1년의 범위에서 기간을 정하여 명한다.

② 요양기관이 속임수로 피부양자에게 요양급여비용을 부담하게 한 경우에 업무정지를 명할 수 있다.

③ 공단은 업무정지기간 중 받은 요양급여는 보건복지부령으로 정하는 바에 따라 지급을 보류한다.

④ 업무정지의 처분 효과는 처분이 확정된 요양기관을 양수한 자에게도 승계된다.

20. 제조업자 등은 보험자·가입자 및 피부양자에게 손실을 주어서는 아니된다. 다음 중 제조업자의 금지행위에 대한 설명으로 옳지 않은 것은?

① 공단 또는 심사평가원에 자료를 거짓으로 제출하여서는 아니된다.

② 속임수나 부당한 방법으로 요양급여비용의 산정에 영향을 미치는 행위를 하여서는 아니된다.

③ 공단은 위반한 사실이 있는지 여부를 확인하기 위하여 제조업자 등에게 관련 서류의 제출을 명할 수 있다.

④ 공단은 금지행위를 위반하여 징수한 손실 상당액 중 가입자의 손실에 해당되는 금액을 그 가입자에게 지급하여야 한다.

모의교사 OMR카드

성명	
성	명

수험번호

	⓪	⓪	⓪	⓪	⓪	⓪	⓪	⓪
	①	①	①	①	①	①	①	①
	②	②	②	②	②	②	②	②
	③	③	③	③	③	③	③	③
	④	④	④	④	④	④	④	④
	⑤	⑤	⑤	⑤	⑤	⑤	⑤	⑤
	⑥	⑥	⑥	⑥	⑥	⑥	⑥	⑥
	⑦	⑦	⑦	⑦	⑦	⑦	⑦	⑦
	⑧	⑧	⑧	⑧	⑧	⑧	⑧	⑧
	⑨	⑨	⑨	⑨	⑨	⑨	⑨	⑨

번호	정답				체크
1	①	②	③	④	
2	①	②	③	④	
3	①	②	③	④	
4	①	②	③	④	
5	①	②	③	④	
6	①	②	③	④	
7	①	②	③	④	
8	①	②	③	④	
9	①	②	③	④	
10	①	②	③	④	
11	①	②	③	④	
12	①	②	③	④	
13	①	②	③	④	
14	①	②	③	④	
15	①	②	③	④	
16	①	②	③	④	
17	①	②	③	④	
18	①	②	③	④	
19	①	②	③	④	
20	①	②	③	④	

국민건강보험법

- 제 2 회 모의고사 -

문항수	총 20문항
비 고	객관식 4지선다형

- 문제지 및 답안지의 해당란에 문제유형, 성명, 응시번호를 정확히 기재하세요.

- 모든 기재 및 표기사항은 "컴퓨터용 흑색 수성 사인펜"만 사용합니다.

- 예비 마킹은 중복 답안으로 판독될 수 있습니다.

각 문제에서 가장 적절한 답을 하나만 고르시오.

1. 다음 중 국민건강보험종합계획은 몇 년마다 수립하여야 하는가?

① 1년
② 3년
③ 5년
④ 7년

2. 다음 중 건강보험정책심의위원회의 소속은?

① 국무총리
② 보건복지부장관
③ 국민건강보험공단
④ 건강보험심사평가원

3. 다음 중 피부양자가 아닌 사람은?

① 직장가입자의 배우자
② 직장가입자의 조부모
③ 직장가입자의 형제 · 자매
④ 직장가입자와 동거 중인 직장 동료

4. 다음은 가입자의 자격 변동 시기에 대한 설명이다. 옳지 않은 것은?

① 지역가입자가 적용대상사업장의 사용자로 된 날부터 자격이 변동된다.
② 직장가입자인 근로자는 사용관계가 끝난 날의 다음 날부터 자격이 변동된다.
③ 지역가입자가 다른 세대로 전입한 날부터 자격이 변동된다.
④ 자격이 변동된 경우 직장가입자이 사용자는 자격이 변동된 날부터 7일 이내에 보험자에게 신고하여야 한다.

5. 다음 중에서 건강보험의 보험자는?

① 국무총리
② 보건복지부장관
③ 국민건강보험공단
④ 건강보험심사평가원

6. 다음 중 공단을 설립할 때 정관에 기재할 사항이 아닌 것은?

① 목적
② 등급판정위원회에 관한 사항
③ 임직원에 관한 사항
④ 공고에 관한 사항

7. 다음은 징수이사에 대한 설명이다. 옳지 않은 것은?

① 징수이사는 보건복지부령에서 정하는 자격을 갖춘 사람 중에서 선임한다.
② 징수이사추천위원회 위원장은 이사장이 지명한다.
③ 추천위원회는 심사기준에 따라 공단이사 중에서 징수이사를 선정하여야 한다.
④ 이사장은 추천위원회의 심사와 협의 결과에 따라 징수이사 후보와 계약을 체결하여야 한다.

8. 다음 중 공단의 임원에 대한 설명으로 옳지 않은 것은?

① 대한민국 국민이 아닌 사람은 임원이 될 수 없다.
② 임원 중 임원결격사유에 해당하는 경우 즉시 징계위원회에 회부한다.
③ 직무 여부와 관계없이 품위를 손상하는 행위를 한 임원은 임명권자가 해임할 수 있다.
④ 공단의 상임임원이 제청권자의 허가를 받은 경우 비영리 목적의 업무를 겸할 수 있다.

9. 다음은 준비금 적립에 대한 설명이다. (   ) 안에 알맞은 것은?

> 공단은 회계연도마다 결산상의 잉여금 중에서 그 연도의 보험급여에 든 비용의 100분의 5 이상에 상당하는 금액을 그 연도에 든 비용의 (   )에 이를 때까지 준비금으로 적립하여야 한다.

① 100분의 10
② 100분의 20
③ 100분의 30
④ 100분의 50

10. 약제에 대한 요양급여비용 상한금액의 일부를 감액할 경우 넘지 않아야 할 범위는?

① 100분의 10
② 100분의 20
③ 100분의 30
④ 100분의 40

11. 다음에서 설명하고 있는 신고 기관은?

> 요양기관은 요양급여비용을 최초로 청구하는 때에 요양기관의 시설·장비 및 인력 등에 대한 현황을 신고하여야 한다.

① 보건복지부
② 국민건강보험공단
③ 건강보험심사평가원
④ 각 시·도별 지방자치단체

12. 다음은 본인일부부담금에 대한 설명이다. 옳지 않은 것은?

① 본인일부부담금이란 요양급여를 받는 자가 법이 정하는 바에 따라 비용의 일부를 본인이 부담하는 것을 말한다.
② 선별급여인 경우에도 본인일부부담금을 동일하게 부담하여야 한다.
③ 본인부담상한액을 초과한 경우에는 초과 금액을 공단이 부담하여야 한다.
④ 가입자이 소득수준 등에 따라 본인부담상한액을 정한다.

13. 다음 중 요양급여비용의 청구와 지급에 대한 설명으로 옳지 않은 것은?

① 심사평가원에서 심사 내용을 통보받은 공단은 지체 없이 요양급여비용을 요양기관에 지급하여야 한다.
② 요양기관은 공단에 요양급여비용의 심사청구를 하여야 한다.
③ 공단은 요양급여비용의 평가 결과에 따라 가산하거나 감액하여 지급할 수 있다.
④ 요양기관은 요양급여비용 심사청구를 의료기관단체 등에 대행하게 할 수 있다.

14. 다음 중 보험급여를 정지해야 하는 사람은?

① 국외에 체류하는 국민
② 산업재해보험 급여를 받는 사람
③ 고용 기간이 1개월 미만인 일용근로자
④ 현역병 전역자인 예비군

15. 다음 중 심사평가원의 임원에 대한 설명으로 옳지 않은 것은?

① 심사평가원의 이사는 15명을 둔다.
② 원장은 임원추천위원회가 복수로 추천한 사람 중에서 보건복지부장관이 임명한다.
③ 감사는 임원추천위원회가 복수로 추천한 사람 중에서 기획재정부장관이 제청한다.
④ 원장의 임기는 3년으로 한다.

16. 다음 중 휴직자 등의 보수월액보험료의 산정 기준은?

① 해당 사유가 생기기 전 3개월간의 평균 보수월액
② 해당 사유가 생기기 전 달의 보수월액
③ 해당 사유가 생긴 이후 가입자가 신고한 보수월액
④ 해당 사유가 생긴 이후 공단이 산정한 보수월액

17. 다음 중 직장가입자의 보험료율을 정하는 범위는?

① 1천분의 50
② 1천분의 80
③ 100분의 30
④ 100분의 50

18. 다음 글을 읽고 옳지 않은 것을 고르면?

> 이의신청 및 심판청구
> 가입자 및 피부양자의 자격, 보험료등, 보험급여, 보험급여 비용에 관한 공단의 처분에 이의가 있는 자는 공단에 이의신청을 할 수 있다.

① 요양급여비용 등에 관한 심사평가원의 처분에 이의가 있는 요양기관은 심사평가원에 이의신청을 할 수 있다.

② 이의신청은 처분이 있음을 안 날부터 60일 이내에 문서로 하여야 한다.

③ 요양기관이 심사평가원의 확인에 대하여 이의신청을 하려면 통보받은 날부터 30일 이내에 하여야 한다.

④ 이의신청에 대한 결정에 불복하는 자는 건강보험분쟁조정위원회에 심판청구를 할 수 있다.

19. 다음에서 서류의 보존 기간이 같은 것끼리 묶인 것은?

> ㉠ 사용자는 3자격 관리 및 보험료 산정 등 건강보험에 관한 서류
> ㉡ 요양기관은 요양급여가 끝난 날부터 요양급여 비용의 청구에 관한 서류
> ㉢ 요양비를 청구한 준요양기관은 요양비를 지급받은 날부터 요양비 청구에 관한 서류
> ㉣ 보조기기에 대한 보험급여를 청구한 자는 보험급여를 지급받은 날부터 보험급여 청구에 관한 서류

① ㉠㉡㉢

② ㉠㉡㉣

③ ㉠㉢㉣

④ ㉡㉢㉣

20. 다음 중 요양비 명세서나 요양 명세를 적은 영수증을 내어 주지 않은 자에 대한 벌칙금은?

① 300만원 이하의 벌금

② 500만원 이하의 벌금

③ 700만원 이하의 벌금

④ 1천만원 이하의 벌금

모의고사 OMR카드

절취선

국민건강보험법

- 제 3 회 모의고사 -

문항수	총 20문항
비 고	객관식 4지선다형

- 문제지 및 답안지의 해당란에 문제유형, 성명, 응시번호를 정확히 기재하세요.
- 모든 기재 및 표기사항은 "컴퓨터용 흑색 수성 사인펜"만 사용합니다.
- 예비 마킹은 중복 답안으로 판독될 수 있습니다.

제 3 회 모의고사

각 문제에서 가장 적절한 답을 하나만 고르시오.

1. 다음 중 국민건강보험법에 따른 건강보험사업을 관장하는 주체는?

① 대통령
② 국무총리
③ 보건복지부장관
④ 국민건강보험공단 이사장

2. 다음 중 국민건강보험종합계획의 수립에 있어서 보건복지부장관이 지체 없이 국회 소관 상임위원회에 보고하여야 할 사항으로 옳지 않은 것은?

① 종합계획의 수립 및 변경
② 건강보험정책의 기본목표 및 추진방향
③ 매년 연도별 시행계획의 수립
④ 시행계획에 따른 추진실적의 평가

3. 다음은 심의위원회에 대한 설명으로 옳지 않은 것은?

① 보건복지부장관 소속으로 심의위원회를 둔다.
② 심의위원회의 위원은 25명으로 구성한다.
③ 심의위원회의 위원장은 보건복지부장관이 된다.
④ 사용자단체가 추천하는 심의위원의 임기는 3년으로 한다.

4. 다음 중 가입자의 종류에 대한 설명으로 옳지 않은 것은?

① 가입자는 직장가입자와 지역가입자로 구분한다.
② 모든 공무원 및 교직원은 직장가입자가 된다.
③ 고용 기간이 1개월 미만인 일용근로자는 직장가입자가 된다.
④ 지역가입자는 직장가입자와 그 피부양자를 제외한 가입자를 말한다.

5. 다음에서 설명하고 있는 내용에 대한 신고 기간은?

> 국내에 거주하게 된 날에 직장가입자 또는 지역가입자의 자격을 얻은 경우 그 직장가입자의 사용자 및 지역가입자의 세대주는 보건복지부령으로 정하는 바에 따라 자격의 취득 시기 등에 대한 명세를 자격을 취득한 날부터 정해진 기한 안에 보험자에게 신고하여야 한다.

① 7일 이내
② 14일 이내
③ 21일 이내
④ 30일 이내

6. 다음에서 보험 자격의 상실 시기로만 묶여진 것은?

> ㉠ 수급권자이었던 사람은 그 대상자에서 제외된 날
> ㉡ 직장가입자의 피부양자가 된 날
> ㉢ 국적을 잃은 날의 다음 날
> ㉣ 직장가입자인 근로자등이 그 사용관계가 끝난 날의 다음 날
> ㉤ 국내에 거주하지 아니하게 된 날의 다음 날

① ㉠㉡㉢
② ㉠㉢㉤
③ ㉡㉢㉣
④ ㉡㉢㉤

7. 다음 중 공단은 안정성과 수익성을 고려하여 자산의 관리 · 운영 및 증식사업의 업무를 수행해야 하는데 옳지 않은 사업은?

① 지방자치단체가 직접 발행한 유가증권의 매입
② 은행에의 예입 또는 신탁
③ 공단의 업무에 사용되는 부동산의 취득
④ 장기요양기관 및 의료기관 설립 · 임대

8. 다음 중 공단의 설립등기 시 포함되어야 할 사항이 아닌 것은?

① 목적
② 명칭
③ 주된 사무소 및 분사무소의 설립비용
④ 이사장의 성명 · 주소 및 주민등록번호

9. 다음 중 공단 임원의 직무에 대한 설명으로 옳지 않은 것은?

① 이사장은 공단을 대표하고 임기 중 공단의 경영성과에 대하여 책임을 진다.
② 상임이사는 보건복지부장관의 명을 받아 공단의 업무를 집행한다.
③ 이사장이 부득이한 사유로 직무를 수행할 수 없을 때에는 상임이사 중 1명이 그 직무를 대행한다.
④ 감사는 공단의 업무 및 회계 · 재산 상황을 감사한다.

10. 다음은 회계와 예산에 대한 설명으로 옳지 않은 것은?

① 공단은 회계연도마다 예산안을 편성하여 국회의 승인을 받아야 한다.
② 공단은 직장가입자와 지역가입자의 재정을 통합하여 운영한다.
③ 공단은 국민연금사업 등에 관한 회계를 공단의 다른 회계와 구분하여 회계처리하여야 한다.
④ 공단의 회계연도는 정부의 회계연도에 따른다.

11. 다음 중 건강보험법상 요양급여의 대상이 아닌 것은?

① 예방접종
② 약제(藥劑)의 지급
③ 간호
④ 이송(移送)

12. 다음 중 요양급여비용의 지급을 청구한 요양기관에 요양급여비용의 지급을 보류할 수 있는 경우는?

① 공단이 법 위반 사실을 직접 인지한 경우
② 법 위반 사실이 확인된 민원으로 수사기관의 수사가 진행되는 경우
③ 심사평가원이 요양급여비용의 지급 보류를 결정한 경우
④ 수사기관의 수사 결과로 법 위반 사실이 확인한 경우

13. 다음 중 건강검진에 대한 설명으로 옳지 않은 것은?

① 건강검진은 공단에서 실시한다.
② 건강검진의 종류에는 일반건강검진과 암검진 두 종류로 나뉜다.
③ 건강검진의 대상에는 6세 미만의 가입자 및 피부양자도 포함된다.
④ 건강검진의 검진항목은 성별, 연령 등의 특성 및 생애주기에 맞게 설계되어 있다.

14. 다음에서 설명하는 것을 무엇이라 하는가?

> 공단은 속임수나 그 밖의 부당한 방법으로 보험급여를 받은 사람·준요양기관 및 보조기기 판매업자나 보험급여 비용을 받은 요양기관에 대하여 그 보험급여나 보험급여 비용에 상당하는 금액의 전부 또는 일부를 징수한다.

① 요양급여의 징수
② 부당이득의 징수
③ 구상권의 행사
④ 선별급여의 징수

15. 다음은 진료심사평가위원회에 대한 설명이다. 옳지 않은 것은?

① 공단에 업무를 효율적으로 수행하기 위하여 진료심사평가위원회를 둔다.
② 심사위원회는 상근 심사위원과 비상근 심사위원으로 구성한다.
③ 심사위원은 보건복지부령으로 정하는 사람 중에서 임명·위촉한다.
④ 심사위원의 해임 또는 해촉은 심사평가원 원장이 할 수 있다.

16. 다음 중 직장가입자의 보험료 면제 대상이 아닌 것은?

① 국내에 피부양자가 있으면서 국외에 체류하는 경우
② 군간부후보생으로 복무하고 있는 경우
③ 국외에 1년 이상 체류하는 경우
④ 교도소에 수용되어 있는 경우

17. 다음 중 보험급여 제한 기간 중 받은 보험급여에 대한 징수금을 체납한 경우 납부기한이 지난 날부터 매 1일이 경과할 때마다 징수해야 하는 금액은?

① 해당 체납금액의 1천분의 1
② 해당 체납금액의 1천500분의 1
③ 해당 체납금액의 2천분의 1
④ 해당 체납금액의 2천500분의 1

18. 다음 중 건강보험분쟁조정위원회에 설명으로 옳은 것으로 묶여진 것은?

> ㉠ 공단에 심판청구를 심리·의결하기 위하여 둔다.
> ㉡ 위원장을 포함하여 60명 이내의 위원으로 구성한다.
> ㉢ 회의는 공무원이 아닌 위원이 과반수가 되도록 하여야 한다.
> ㉣ 운영 등에 필요한 사항은 보건복지부령으로 정한다.

① ㉠㉡
② ㉡㉢
③ ㉠㉢
④ ㉡㉣

19. 다음 중 행정처분을 받은 요양기관의 위반사실을 공표할 수 있는 경우는?

① 요양급여비용 총액 중 거짓으로 청구한 금액의 비율이 100분의 10 이상인 경우
② 요양급여비용 총액 중 거짓으로 청구한 금액의 비율이 100분의 30 이상인 경우
③ 요양급여비용을 거짓으로 청구한 금액이 1천만 원 이상인 경우
④ 요양급여비용을 거짓으로 청구한 금액이 1천 500만 원 이상인 경우

20. 다음 중 과태료 금액이 같은 것으로 나열된 것은?

> ㉠ 사업장의 신고를 하지 아니하거나 거짓으로 신고한 사용자
> ㉡ 서류를 보존하지 아니한 자
> ㉢ 정당한 사유 없이 신고·서류제출을 하지 아니한 자
> ㉣ 행정처분절차가 진행 중인 사실을 지체 없이 알리지 아니한 자
> ㉤ 유사명칭의 사용금지를 위반한 자

① ㉠㉡㉢
② ㉠㉢㉣
③ ㉡㉢㉣
④ ㉡㉣㉤

모의고사 OMR카드

성 명	
성	
명	

수 험 번 호									
	⓪	⓪	⓪	⓪	⓪	⓪	⓪	⓪	⓪
	①	①	①	①	①	①	①	①	①
	②	②	②	②	②	②	②	②	②
	③	③	③	③	③	③	③	③	③
	④	④	④	④	④	④	④	④	④
	⑤	⑤	⑤	⑤	⑤	⑤	⑤	⑤	⑤
	⑥	⑥	⑥	⑥	⑥	⑥	⑥	⑥	⑥
	⑦	⑦	⑦	⑦	⑦	⑦	⑦	⑦	⑦
	⑧	⑧	⑧	⑧	⑧	⑧	⑧	⑧	⑧
	⑨	⑨	⑨	⑨	⑨	⑨	⑨	⑨	⑨

번호	정답				체크
1	①	②	③	④	
2	①	②	③	④	
3	①	②	③	④	
4	①	②	③	④	
5	①	②	③	④	
6	①	②	③	④	
7	①	②	③	④	
8	①	②	③	④	
9	①	②	③	④	
10	①	②	③	④	
11	①	②	③	④	
12	①	②	③	④	
13	①	②	③	④	
14	①	②	③	④	
15	①	②	③	④	
16	①	②	③	④	
17	①	②	③	④	
18	①	②	③	④	
19	①	②	③	④	
20	①	②	③	④	

국민건강보험법

- 제4회 모의고사 -

문항수	총 20문항
비 고	객관식 4지선다형

- 문제지 및 답안지의 해당란에 문제유형, 성명, 응시번호를 정확히 기재하세요.
- 모든 기재 및 표기사항은 "컴퓨터용 흑색 수성 사인펜"만 사용합니다.
- 예비 마킹은 중복 답안으로 판독될 수 있습니다.

각 문제에서 가장 적절한 답을 하나만 고르시오.

1. 다음 중 국민건강보험법에서 사용하는 근로자에 설명으로 옳지 않은 것은?

① 법인의 대표이사와 임원도 근로자에 포함된다.
② 공무원 및 교직원도 근로자로 본다.
③ 외국인 기업에서 근로의 대가로 보수를 받아 생활하는 내국인도 근로자로 본다.
④ 근로자는 직업의 종류나 규모에 관계없이 근로의 대가로 보수를 받아 생활하는 사람을 말한다.

2. 다음 중 임기가 다른 하나는?

| ㉠ 심의위원회 위원 | ㉡ 공단 감사 |
| ㉢ 심사평가원장 | ㉣ 공단 이사장 |

① ㉠
② ㉡
③ ㉢
④ ㉣

3. 다음 중 심의위원회의 심의 · 의결 사항이 아닌 것은?

① 요양급여의 기준
② 종합계획 및 시행계획에 관한 심의 사항
③ 직장가입자의 보험료율
④ 보험료 부과체계에 관한 사항

4. 다음의 경우 사업장의 사용자가 며칠 이내에 보험자에게 신고하여야 하는가?

| ㉠ 직장가입자가 되는 근로자 · 공무원 및 교직원을 사용하는 사업장이 된 경우 |
| ㉡ 휴업 · 폐업 등 보건복지부령으로 정하는 사유가 발생한 경우 |

① 5일
② 7일
③ 14일
④ 30일

5. 다음 중 국방부장관이 직장가입자나 지역가입자가 현역병이 된 경우 해당된 날부터 며칠 이내에 보험자에게 알려야 하는가?

① 7일
② 14일
③ 1개월
④ 3개월

6. 다음 중 가입자 또는 피부양자가 건강보험증을 요양기관에 제출하지 않아도 되는 경우를 설명한 것으로 틀린 것은?

① 부득이한 사유가 있는 경우
② 주민등록증으로 본인 여부를 확인할 수 있는 경우
③ 보건복지부령으로 정하는 신분증명서로 자격을 확인할 수 있는 경우
④ 요양기관을 재방문하는 경우

7. 다음 중 공단이 관장하는 업무로만 짝지어진 것은?

> ㉠ 건강보험에 관한 교육훈련 및 홍보
> ㉡ 자산의 관리·운영 및 증식사업
> ㉢ 요양급여의 적정성 평가
> ㉣ 가입자 및 피부양자의 자격 관리
> ㉤ 가입자 및 피부양자의 건강관리
> ㉥ 심사기준 및 평가기준의 개발

① ㉠㉡㉢㉣
② ㉠㉡㉣㉤
③ ㉡㉢㉣㉤
④ ㉡㉣㉤㉥

8. 다음 중 공단 임원의 해임사유가 아닌 것은?

① 보건복지부장원의 지시사항을 위반한 경우
② 신체장애나 정신장애로 직무를 수행할 수 없다고 인정되는 경우
③ 직무 여부와 관계없이 품위를 손상하는 행위를 한 경우
④ 직무상 의무를 위반한 경우

9. 다음 중 요양급여의 대상으로 볼 수 없는 것은?

① 진찰
② 골절로 인한 입원
③ 치과교정
④ 처치 및 수술

10. 다음 중 요양급여를 실시할 수 있는 요양기관이 아닌 곳은?

① 보건의료원
② 필수의약품센터
③ 노인복지시설
④ 약국

11. 다음 중 요양비에 대한 설명으로 옳지 않은 것은?

① 요양기관이 아닌 장소에서 출산한 경우에는 요양비를 받을 수 없다.
② 준요양기관은 보건복지부장관이 정하는 요양비 명세서 또는 요양 명세를 적은 영수증을 요양을 받은 사람에게 내주어야 한다.
③ 요양을 받은 사람은 요양비를 받기 위하여 그 명세서나 영수증을 공단에 제출하여야 한다.
④ 준요양기관도 요양비의 지급을 공단에 직접 청구할 수 있다.

12. 다음 중 직장가입자 교직원이 사립학교에 근무하는 경우 교원의 보험료액 부담 비율을 설명한 것으로 옳은 것은?

① 직장가입자 100분의 30, 사용자 100분의 50, 국가 100분의 20
② 직장가입자 100분의 30, 사용자 100분의 20, 국가 100분의 50
③ 직장가입자 100분의 50, 사용자 100분의 20, 국가 100분의 30
④ 직장가입자 100분의 50, 사용자 100분의 30, 국가 100분의 20

13. 다음 중 보험료의 납입 고지 사항이 아닌 것은?

① 징수하려는 보험료등의 종류
② 납부의무자의 종합소득내역
③ 납부해야 하는 금액
④ 보험료의 납부장소

14. 다음 중 보험료 독촉 및 체납처분에 대한 설명으로 옳지 않은 것은?

① 직장가입자의 사용자가 2명 이상일 경우 그 중 1명 에게만 독촉해도 된다.
② 독촉할 때에는 10일 ~ 15일 이내의 납부기한을 정하여 독촉장을 발부하여야 한다.
③ 보건복지부장관은 압류한 재산을 한국자산관리공사에 공매를 대행하게 할 수 있다.
④ 공단은 납부기한이 6개월 이상 지난 보험료에 관한 체납자의 인적사항 등을 종합신용정보집중기관에 제공할 수 있다.

15. 다음 중 체납보험료의 분할납부 승인 기준은?

① 3회 이상 체납
② 4회 이상 체납
③ 5회 이상 체납
④ 6회 이상 체납

16. 다음 중 결손처분을 취소하고 체납처분을 해야 하는 경우는?

① 해당 권리에 대한 소멸시효가 완성된 경우
② 체납처분이 끝나고 체납액에 충당될 배분금액이 그 체납액에 미치지 못하는 경우
③ 압류할 수 있는 다른 재산이 있는 것을 발견한 경우
④ 징수할 가능성이 없다고 인정되는 경우로서 대통령령으로 정하는 경우

17. 다음에서 설명하는 것은 무엇인가?

보건복지부장관은 법을 위반하여 업무정지 처분을 받은 요양기관이 업무정지 처분으로 해당 요양기관을 이용하는 사람에게 심한 불편을 주거나 보건복지부장관이 정하는 특별한 사유가 있다고 인정되면 업무정지 처분을 갈음하여 속임수나 그 밖의 부당한 방법으로 부담하게 한 금액의 5배 이하의 금액을 부과·징수할 수 있다. 이 경우 보건복지부장관은 12개월의 범위에서 분할 납부를 하게 할 수 있다.

① 벌금
② 과징금
③ 추징금
④ 과태료

18. 다음 중 보건복지부장관이 공단과 심사평가원의 경영목표를 달성하기 위하여 감독할 수 있는 업무가 아닌 것은?

① 공단의 자산의 관리·운영 및 증식사업
② 심사평가원의 심사기준 및 평가기준의 개발 업무
③ 다른 법령에 따른 공단과 심사평가원이 위탁한 업무
④ 경영지침의 이행과 관련된 사업

19. 다음은 외국인에 대한 특례를 설명한 것이다. 틀린 것은?

① 정부는 외국 정부가 사용자인 사업장 근로자의 건강보험에 관하여 외국 정부와의 별도 합의로 정할 수 있다.
② 적용대상사업장의 근로자로 외국인등록을 한 사람은 직장가입자가 될 수 있다.
③ 직장가입자인 국내체류 외국인의 형제·자매는 공단에 신청하면 피부양자가 될 수 있다.
④ 국내체류 외국인에 해당하는 지역가입자의 보험료는 매월 10일까지 납부하여야 한다.

20. 다음 중 2년 이하의 징역 또는 2천만원 이하의 벌금에 처해지는 경우는?

① 가입자 및 피부양자의 개인정보를 누설하거나 직무상 목적 외의 용도로 이용한 자
② 거짓이나 그 밖의 부정한 방법으로 보험급여를 받거나 타인으로 하여금 보험급여를 받게 한 자
③ 대행청구단체의 종사자로서 거짓이나 그 밖의 부정한 방법으로 요양급여비용을 청구한 자
④ 공동이용하는 전산정보자료를 목적 외의 용도로 이용하거나 활용한 자

모의고사 OMR카드

성 명	

수험번호								
⓪	⓪	⓪	⓪	⓪	⓪	⓪	⓪	⓪
①	①	①	①	①	①	①	①	①
②	②	②	②	②	②	②	②	②
③	③	③	③	③	③	③	③	③
④	④	④	④	④	④	④	④	④
⑤	⑤	⑤	⑤	⑤	⑤	⑤	⑤	⑤
⑥	⑥	⑥	⑥	⑥	⑥	⑥	⑥	⑥
⑦	⑦	⑦	⑦	⑦	⑦	⑦	⑦	⑦
⑧	⑧	⑧	⑧	⑧	⑧	⑧	⑧	⑧
⑨	⑨	⑨	⑨	⑨	⑨	⑨	⑨	⑨

번호	정 답				체 크
1	①	②	③	④	
2	①	②	③	④	
3	①	②	③	④	
4	①	②	③	④	
5	①	②	③	④	
6	①	②	③	④	
7	①	②	③	④	
8	①	②	③	④	
9	①	②	③	④	
10	①	②	③	④	
11	①	②	③	④	
12	①	②	③	④	
13	①	②	③	④	
14	①	②	③	④	
15	①	②	③	④	
16	①	②	③	④	
17	①	②	③	④	
18	①	②	③	④	
19	①	②	③	④	
20	①	②	③	④	

국민건강보험법

- 제 5 회 모의고사 -

문항수	총 20문항
비 고	객관식 4지선다형

- 문제지 및 답안지의 해당란에 문제유형, 성명, 응시번호를 정확히 기재하세요.
- 모든 기재 및 표기사항은 "컴퓨터용 흑색 수성 사인펜"만 사용합니다.
- 예비 마킹은 중복 답안으로 판독될 수 있습니다.

제5회 모의고사

각 문제에서 가장 적절한 답을 하나만 고르시오.

1. 국민건강보험법상 다음에 알맞은 용어는?

> ㉠ 공무원이 소속되어 있는 기관의 장으로서 대통령령으로 정하는 사람
> ㉡ 교직원이 소속되어 있는 사립학교를 설립·운영하는 자
> ㉢ 근로자가 소속되어 있는 사업장의 사업주

① 관리자
② 공무원
③ 사용자
④ 경영자

2. 다음 중 건강보험의 가입자 또는 피부양자가 될 수 없는 사람은?

① 직장가입자의 형제·자매
② 유공자 등 의료보호대상자 중 건강보험의 적용을 보험자에게 신청한 사람
③ 국내에 거주하는 국민
④ 수급권자

3. 다음은 직장가입자의 제외 대상에 해당하는 근로자로 ( ) 안에 알맞은 것은?

> 고용 기간이 ( )개월 미만인 일용근로자

① 1
② 2
③ 3
④ 6

4. 다음 중 휴업·폐업 등 보건복지부령으로 정하는 사유가 발생한 경우 사업장의 사용자가 신고해야 하는 기간은?

① 해당하게 되기 전 7일 이내
② 해당하게 되기 전 14일 이내
③ 해당하게 되는 때부터 7일 이내
④ 해당하게 되는 때부터 14일 이내

5. 다음 중 공단의 임원을 모두 합하면 몇 명인가?

① 13명
② 15명
③ 16명
④ 17명

2

6. 국민건강보험법상 다음 설명 중 옳은 것은?

① 공단은 건강보험의 가입자 또는 피부양자의 자격을 얻는 즉시 건강보험증을 발급해 주어야 한다.

② 징수이사는 보건복지부령으로 정하는 자격을 갖춘 사람 중에서 장관이 위촉한다.

③ 대한민국 국민이 아닌 사람은 공단의 임원이 될 수 없다.

④ 환자를 이송(移送)하는 경우는 요양급여의 적용대상이 아니다.

7. 다음 중 요양급여의 적정성을 평가하는 기관은?

① 공단

② 심사평가원

③ 심의위원회

④ 요양기관

8. 다음은 국민건강보험법 제49조 요양비에 대한 설명이다. 옳지 않은 것을 고르면?

① 준요양기관에서의 질병 · 부상에 대하여 가입자나 피부양자에게 요양비를 지급한다.

② 요양기관이 아닌 장소에서 출산한 경우에는 요양비를 지급하지 않는다.

③ 준요양기관은 요양비 명세서나 요양 명세를 적은 영수증을 요양을 받은 사람에게 내주어야 한다.

④ 준요양기관의 요양비 지급 청구 및 공단의 적정성 심사 등에 필요한 사항은 보건복지부령으로 정한다.

9. 공단은 보험급여를 받을 수 있는 사람에게 급여를 제한할 수 있다. 다음 중 급여 제한 사유에 해당하지 않는 것은?

① 중대한 과실로 인한 범죄행위에 그 원인이 있는 경우

② 고의로 사고를 일으킨 경우

③ 중대한 과실로 상해를 입은 경우

④ 중대한 과실로 요양기관의 요양에 관한 지시를 따르지 않은 경우

10. 다음의 업무를 관장하는 곳은?

┌───┐
│ ㉠ 심사기준 및 평가기준의 개발
│ ㉡ 요양급여의 적정성 평가
│ ㉢ 요양급여비용의 심사
│ ㉣ 다른 법률에 따라 지급되는 급여비용의 심사 또는 의료의 적정성 평가에 관하여 위탁받은 업무
└───┘

① 보건복지부

② 공단

③ 심사평가원

④ 심사위원회

11. 다음 중 보험료 징수에 관한 설명으로 옳은 것은?

① 가입자의 자격이 변동된 경우에는 변동된 날이 속하는 달의 보험료는 변동된 후의 자격을 기준으로 징수

② 가입자의 자격을 매월 1일에 취득한 경우에는 취득한 다음 달부터 징수

③ 가입자의 자격을 취득한 날이 속하는 달의 다음 달부터 가입자의 자격을 잃은 날의 전날이 속하는 달까지 징수

④ 건강보험 적용 신청으로 가입자의 자격을 취득하는 경우에는 다음 달부터 징수

12. 다음 중 직장가입자의 보험료율은?

① 1천분의 50
② 1천분의 60
③ 1천분의 70
④ 1천분의 80

13. 다음 중 가입자 또는 그 가입자가 속한 세대의 보험료의 일부를 경감할 수 있는 경우가 아닌 것은?

① 휴직자
② 61세 이상인 사람
③ 장애인
④ 국가유공자

14. 다음은 보험료의 납부기한을 설명한 것으로 ( ) 안을 모두 합하면?

> ⊙ 보험료 납부의무가 있는 자는 가입자에 대한 그 달의 보험료를 그 다음 달 ( )일까지 납부하여야 한다. 다만, 직장가입자의 소득월액보험료 및 지역가입자의 보험료는 보건복지부령으로 정하는 바에 따라 분기별로 납부할 수 있다.
> ⓛ 공단은 납입 고지의 송달 지연 등 보건복지부령으로 정하는 사유가 있는 경우 납부의무자의 신청에 따라 납부기한부터 ( )개월의 범위에서 납부기한을 연장할 수 있다.

① 10
② 11
③ 13
④ 15

15. 다음 중 보험료에 대한 공단처분에 이의가 있는 가입자가 이의 신청할 수 있는 기간은?

① 처분이 있음을 안 날부터 30일 이내
② 처분이 있음을 안 날부터 60일 이내
③ 처분이 있음을 안 날부터 90일 이내
④ 처분이 있음을 안 날부터 100일 이내

16. 다음 중 소멸시효 기간이 다른 하나는?

① 보험료, 연체금 및 가산금으로 과오납부한 금액을 환급받을 권리
② 보험급여를 받을 권리
③ 휴직자등의 보수월액보험료를 징수할 권리
④ 보험료, 연체금 및 가산금을 징수할 권리

17. 다음에서 금융정보의 제공을 요청할 수 있는 기관은?

> 지역가입자의 보험료부과점수 산정을 위하여 필요한 경우 지역가입자가 제출한 동의 서면을 전자적 형태로 바꾼 문서에 의하여 신용정보집중기관 또는 금융회사등의 장에게 금융정보등을 제공하도록 요청할 수 있다.
> －「국민건강보험법」 제96조의2－

① 보건복지부
② 지방자치단체
③ 국민건강보험공단
④ 심사평가원

18. 다음 중 가족관계등록 전산정보의 공동이용에 대한 설명으로 옳지 않은 것은?

① 국민건강보험법 제96조제1항 각 호의 업무를 수행하기 위하여 전산정보자료를 공동 이용할 수 있다.
② 보건복지부장관은 공단이 전산정보자료의 공동이용을 요청하는 경우 그 공동이용을 위하여 필요한 조치를 취하여야 한다.
③ 누구든지 공동 이용하는 전산정보자료를 그 목적 외의 용도로 이용하거나 활용하여서는 아니 된다.
④ 「전자정부법」에 따라 「가족관계의 등록 등에 관한 법률」에 따른 전산정보자료를 공동 이용할 수 있다.

19. 다음 중 속임수나 그 밖의 부당한 방법으로 보험자·가입자 및 피부양자에게 요양급여비용을 부담하게 한 경우의 업무정지 범위는?

① 60일
② 90일
③ 1년
④ 3년

20. 다음 중 벌칙이 다른 하나는?

① 보고 또는 서류 제출을 하지 아니한 자
② 요양비 명세서나 요양 명세를 적은 영수증을 내주지 아니한 자
③ 거짓으로 보고하거나 거짓 서류를 제출한 자
④ 검사나 질문을 거부·방해 또는 기피한 자

모의고사 OMR카드

성	명

수험 번호								
⓪	⓪	⓪	⓪	⓪	⓪	⓪	⓪	⓪
①	①	①	①	①	①	①	①	①
②	②	②	②	②	②	②	②	②
③	③	③	③	③	③	③	③	③
④	④	④	④	④	④	④	④	④
⑤	⑤	⑤	⑤	⑤	⑤	⑤	⑤	⑤
⑥	⑥	⑥	⑥	⑥	⑥	⑥	⑥	⑥
⑦	⑦	⑦	⑦	⑦	⑦	⑦	⑦	⑦
⑧	⑧	⑧	⑧	⑧	⑧	⑧	⑧	⑧
⑨	⑨	⑨	⑨	⑨	⑨	⑨	⑨	⑨

번호	정답				체크
1	①	②	③	④	
2	①	②	③	④	
3	①	②	③	④	
4	①	②	③	④	
5	①	②	③	④	
6	①	②	③	④	
7	①	②	③	④	
8	①	②	③	④	
9	①	②	③	④	
10	①	②	③	④	
11	①	②	③	④	
12	①	②	③	④	
13	①	②	③	④	
14	①	②	③	④	
15	①	②	③	④	
16	①	②	③	④	
17	①	②	③	④	
18	①	②	③	④	
19	①	②	③	④	
20	①	②	③	④	

국민건강보험법

- 정답 및 해설 -

1	③	2	①	3	③	4	②	5	③
6	④	7	④	8	②	9	①	10	④
11	②	12	①	13	③	14	②	15	③
16	①	17	②	18	③	19	③	20	③

1 | ③

국민건강보험법은 국민의 질병·부상에 대한 예방·진단·치료·재활과 출산·사망 및 건강증진에 대하여 보험급여를 실시함으로써 국민보건 향상과 사회보장 증진에 이바지함을 목적으로 한다〈「국민건강보험법」 제1조〉.

2 | ①

① 보건복지부장관은 건강보험의 건전한 운영을 위하여 건강보험정책심의위원회의 심의를 거쳐 5년마다 국민건강보험종합계획을 수립하여야 한다. 수립된 종합계획을 변경할 때도 또한 같다〈「국민건강보험법」 제3조의2 제1항〉.

3 ③

가입자의 적용 대상〈「국민건강보험법」 제5조 제1항〉…국내에 거주하는 국민은 건강보험의 가입자 또는 피부양자가 된다. 다만, 다음에 해당하는 사람은 제외한다.
㉠ 의료급여를 받는 사람(수급권자)
㉡ 「독립유공자예우에 관한 법률」 및 「국가유공자 등 예우 및 지원에 관한 법률」에 따라 의료보호를 받는 사람. 다만, 다음에 해당하는 사람은 가입자 또는 피부양자가 된다.
• 유공자등 의료보호대상자 중 건강보험의 적용을 보험자에게 신청한 사람
• 건강보험을 적용받고 있던 사람이 유공자등 의료보호대상자로 되었으나 건강보험의 적용배제신청을 보험자에게 하지 아니한 사람

4 | ②

② 직장가입자의 피부양자이었던 사람은 그 자격을 잃은 날부터 가입자의 자격을 얻는다〈「국민건강보험법」 제8조 제1항 제2호〉.

5 | ③

가입자의 자격 상실 시기〈「국민건강보험법」 제10조 제1항〉
㉠ 사망한 날의 다음 날
㉡ 국적을 잃은 날의 다음 날
㉢ 국내에 거주하지 아니하게 된 날의 다음 날
㉣ 직장가입자의 피부양자가 된 날
㉤ 수급권자가 된 날
㉥ 건강보험을 적용받고 있던 사람이 유공자등 의료보호대상자가 되어 건강보험의 적용배제신청을 한 날

6 | ④

④ 공단의 주된 사무소의 소재지는 정관으로 정한다〈「국민건강보험법」 제16조 제1항〉.
①② 「국민건강보험법」 제15조
③ 「국민건강보험법」 제16조 제2항

7 | ④

㉠ 공단은 이사장 1명, 이사 14명 및 감사 1명의 임원을 둔다〈「국민건강보험법」 제20조 제1항〉.
㉣ 상임이사는 보건복지부령으로 정하는 추천 절차를 거쳐 이사장이 임명한다〈「국민건강보험법」 제20조 제2항〉.

8 | ②

② 재정운영위원회의 위원장은 위원 중에서 호선(互選)한다〈「국민건강보험법」 제33조 제2항〉.
①③ 「국민건강보험법」 제33조 제1항
④ 「국민건강보험법」 제34조 제3항

9 | ①

① 공단은 지출할 현금이 부족한 경우에는 차입할 수 있다. 다만, 1년 이상 장기로 차입하려면 보건복지부장관의 승인을 받아야 한다〈「국민건강보험법」 제37조〉.
② 「국민건강보험법」 제38조 제1항
③ 「국민건강보험법」 제38조 제3항
④ 「국민건강보험법」 제39조 제1항

10 | ④

④ 보건복지부장관은 요양급여대상 여부의 결정 신청이 없는 경우에도 환자의 진료상 반드시 필요하다고 보건복지부령으로 정하는 경우에는 직권으로 행위·치료재료 및 약제의 요양급여대상의 여부를 결정할 수 있다〈「국민건강보험법」 제41조의3 제4항〉.

11 | ②

요양급여비용의 산정 … 계약은 그 직전 계약기간 만료일이 속하는 연도의 5월 31일까지 체결하여야 하며, 그 기한까지 계약이 체결되지 아니하는 경우 보건복지부장관이 그 직전 계약기간 만료일이 속하는 연도의 6월 30일까지 심의위원회의 의결을 거쳐 요양급여비용을 정한다〈「국민건강보험법」 제45조 제3항〉.

12 | ①

급여의 제한〈「국민건강보험법」 제53조 제1항〉… 공단은 보험급여를 받을 수 있는 사람이 다음 어느 하나에 해당하면 보험급여를 하지 아니한다.
㉠ 고의 또는 중대한 과실로 인한 범죄행위에 그 원인이 있거나 고의로 사고를 일으킨 경우
㉡ 고의 또는 중대한 과실로 공단이나 요양기관의 요양에 관한 지시에 따르지 아니한 경우
㉢ 고의 또는 중대한 과실로 급여확인에 관한 문서와 물건의 제출을 거부하거나 질문 또는 진단을 기피한 경우
㉣ 업무 또는 공무로 생긴 질병·부상·재해로 다른 법령에 따른 보험급여나 보상(報償) 또는 보상(補償)을 받게 되는 경우

13 | ③

③ 국민건강보험종합계획의 수립은 보건복지부장관이 한다〈「국민건강보험법」 제3조의2 제1항〉.

※ 심사평가원의 업무〈「국민건강보험법」 제63조 제1항〉
㉠ 요양급여비용의 심사
㉡ 요양급여의 적정성 평가
㉢ 심사기준 및 평가기준의 개발
㉣ ㉠~㉢의 규정에 따른 업무와 관련된 조사연구 및 국제협력
㉤ 다른 법률에 따라 지급되는 급여비용의 심사 또는 의료의 적정성 평가에 관하여 위탁받은 업무
㉥ 건강보험과 관련하여 보건복지부장관이 필요하다고 인정한 업무
㉦ 그 밖에 보험급여 비용의 심사와 보험급여의 적정성 평가와 관련하여 대통령령으로 정하는 업무

14 | ②

② 보험료는 가입자의 자격을 취득한 날이 속하는 달의 다음 달부터 가입자의 자격을 잃은 날의 전날이 속하는 달까지 징수한다. 다만, 가입자의 자격을 매월 1일에 취득한 경우 또는 건강보험 적용 신청으로 가입자의 자격을 취득하는 경우에는 그 달부터 징수한다〈「국민건강보험법」제69조 제2항〉.

15 | ③

적정성 평가 시 종합적 고려사항〈「국민건강보험법」제72조의3 제2항〉

㉠ 제도개선위원회가 심의한 가입자의 소득 파악 현황 및 개선방안

㉡ 공단의 소득 관련 자료 보유 현황

㉢ 종합소득(종합과세되는 종합소득과 분리과세되는 종합소득을 포함한다) 과세 현황

㉣ 직장가입자에게 부과되는 보험료와 지역가입자에게 부과되는 보험료 간 형평성

㉤ 제1항에 따른 인정기준 및 산정기준의 조정으로 인한 보험료 변동

㉥ 그 밖에 적정성 평가 대상이 될 수 있는 사항으로서 보건복지부장관이 정하는 사항

16 | ①

① 65세 이상인 사람에 해당하는 가입자 중 보건복지부령으로 정하는 가입자에 대하여는 그 가입자 또는 그 가입자가 속한 세대의 보험료의 일부를 경감할 수 있다〈「국민건강보험법」제75조 제1항〉.

※ 보험료의 경감 대상〈「국민건강보험법」제75조 제1항〉
　　㉠ 섬·벽지(僻地)·농어촌 등 대통령령으로 정하는 지역에 거주하는 사람
　　㉡ 65세 이상인 사람
　　㉢ 장애인
　　㉣ 국가유공자

㉤ 휴직자

㉥ 그 밖에 생활이 어렵거나 천재지변 등의 사유로 보험료를 경감할 필요가 있다고 보건복지부장관이 정하여 고시하는 사람

17 | ②

보험료의 납부기한〈「국민건강보험법」제78조 제1항〉… 보험료 납부의무가 있는 자는 가입자에 대한 그 달의 보험료를 그 다음 달 10일까지 납부하여야 한다. 다만, 직장가입자의 소득월액보험료 및 지역가입자의 보험료는 보건복지부령으로 정하는 바에 따라 분기별로 납부할 수 있다.

18 | ③

위에 나열된 권리는 3년 동안 행사하지 아니하면 소멸시효가 완성된다.〈「국민건강보험법」제91조 제1항〉

19 | ③

③ 업무정지 처분을 받은 자는 해당 업무정지기간 중에는 요양급여를 하지 못한다〈「국민건강보험법」제98조 제2항〉.

20 | ③

③ 보건복지부장관은 제조업자등이 위반한 사실이 있는지 여부를 확인하기 위하여 그 제조업자등에게 관련 서류의 제출을 명하거나, 소속 공무원이 관계인에게 질문을 하게 하거나 관계 서류를 검사하게 하는 등 필요한 조사를 할 수 있다〈「국민건강보험법」제101조 제2항〉.

1	③	2	②	3	④	4	④	5	③
6	②	7	③	8	②	9	④	10	②
11	③	12	②	13	②	14	①	15	②
16	②	17	②	18	②	19	③	20	②

1 | ③

보건복지부장관은 건강보험의 건전한 운영을 위하여 건강보험정책심의위원회의 심의를 거쳐 5년마다 국민건강보험종합계획을 수립하여야 한다. 수립된 종합계획을 변경할 때도 또한 같다〈「국민건강보험법」 제3조2 제1항〉.

2 | ②

건강보험정책에 관한 사항을 심의·의결하기 위하여 보건복지부장관 소속으로 건강보험정책심의위원회를 둔다〈「국민건강보험법」 제4조 제1항〉.

3 | ④

피부양자는 다음 어느 하나에 해당하는 사람 중 직장가입자에게 주로 생계를 의존하는 사람으로서 소득 및 재산이 보건복지부령으로 정하는 기준 이하에 해당하는 사람을 말한다〈「국민건강보험법」 제5조 제2항〉.
㉠ 직장가입자의 배우자
㉡ 직장가입자의 직계존속(배우자의 직계존속을 포함한다)
㉢ 직장가입자의 직계비속(배우자의 직계비속을 포함한다)과 그 배우자
㉣ 직장가입자의 형제·자매

4 | ④

④ 자격이 변동된 경우 직장가입자의 사용자와 지역가입자의 세대주는 그 명세를 보건복지부령으로 정하는 바에 따라 자격이 변동된 날부터 14일 이내에 보험자에게 신고하여야 한다〈「국민건강보험법」 제9조 제2항〉.

5 | ③

건강보험의 보험자는 국민건강보험공단으로 한다〈「국민건강보험법」 제13조〉.

6 | ②

공단의 정관 기재사항〈「국민건강보험법」 제17조 제1항〉
㉠ 목적
㉡ 명칭
㉢ 사무소의 소재지
㉣ 임직원에 관한 사항
㉤ 이사회의 운영
㉥ 재정운영위원회에 관한 사항
㉦ 보험료 및 보험급여에 관한 사항
㉧ 예산 및 결산에 관한 사항
㉨ 자산 및 회계에 관한 사항
㉩ 업무와 그 집행
㉪ 정관의 변경에 관한 사항
㉫ 공고에 관한 사항

7 | ③

③ 징수이사추천위원회는 모집공고 한 사람을 보건복지부령으로 정하는 징수이사 후보 심사기준에 따라 심사하여야 하며, 징수이사 후보로 추천될 사람과 계약 조건에 관하여 협의하여야 한다〈「국민건강보험법」 제21조 제4항〉.

8 | ②

② 임원이 임원 결격사유에 해당하게 되거나 임명 당시 그에 해당하는 사람으로 확인되면 그 임원은 당연퇴임한다〈「국민건강보험법」제24조 제1항〉.

9 | ④

준비금 적립〈「국민건강보험법」제38조 제1항〉… 공단은 회계연도마다 결산상의 잉여금 중에서 그 연도의 보험급여에 든 비용의 100분의 5 이상에 상당하는 금액을 그 연도에 든 비용의 100분의 50에 이를 때까지 준비금으로 적립하여야 한다.

10 | ②

약제에 대한 요양급여비용 상한금액의 감액〈「국민건강보험법」제41조의2 제1항〉… 보건복지부장관은 약제에 대하여는 요양급여비용 상한금액의 100분의 20을 넘지 아니하는 범위에서 그 금액의 일부를 감액할 수 있다.

11 | ③

요양기관 현황에 대한 신고〈「국민건강보험법」제43조 제1항〉… 요양기관은 요양급여비용을 최초로 청구하는 때에 요양기관의 시설·장비 및 인력 등에 대한 현황을 건강보험심사평가원에 신고하여야 한다.

12 | ②

② 요양급여를 받는 자는 대통령령으로 정하는 바에 따라 비용의 일부를 본인이 부담한다. 이 경우 선별급여에 대해서는 다른 요양급여에 비하여 본인일부부담금을 상향 조정할 수 있다〈「국민건강보험법」제44조 제1항〉.

13 | ②

② 요양급여비용을 청구하려는 요양기관은 심사평가원에 요양급여비용의 심사청구를 하여야 하며, 심사청구를 받은 심사평가원은 이를 심사한 후 지체 없이 그 내용을 공단과 요양기관에 알려야 한다〈「국민건강보험법」제47조 제2항〉.

14 | ①

급여의 정지 대상〈「국민건강보험법」제54조4〉
㉠ 국외에 체류하는 경우
㉡ 현역병, 전환복무된 사람 및 군간부후보생
㉢ 교도소, 그 밖에 이에 준하는 시설에 수용되어 있는 경우

15 | ②

② 원장은 임원추천위원회가 복수로 추천한 사람 중에서 보건복지부장관의 제청으로 대통령이 임명한다〈「국민건강보험법」제65조 제2항〉.
※ 심사평가원의 임원〈「국민건강보험법」제65조〉
  ㉠ 심사평가원에 임원으로서 원장, 이사 15명 및 감사 1명을 둔다. 이 경우 원장, 이사 중 4명 및 감사는 상임으로 한다.
  ㉡ 원장은 임원추천위원회가 복수로 추천한 사람 중에서 보건복지부장관의 제청으로 대통령이 임명한다.
  ㉢ 상임이사는 보건복지부령으로 정하는 추천 절차를 거쳐 원장이 임명한다.
  ㉣ 비상임이사는 다음의 사람 중에서 10명과 대통령령으로 정하는 바에 따라 추천한 관계 공무원 1명을 보건복지부장관이 임명한다.
  • 공단이 추천하는 1명
  • 의약관계단체가 추천하는 5명
  • 노동조합·사용자단체·소비자단체 및 농어업인 단체가 추천하는 각 1명

ⓜ 감사는 임원추천위원회가 복수로 추천한 사람 중에서 기획재정부장관의 제청으로 대통령이 임명한다.
ⓗ 비상임이사는 정관으로 정하는 바에 따라 실비변상을 받을 수 있다.
ⓢ 원장의 임기는 3년, 이사(공무원인 이사는 제외한다)와 감사의 임기는 각각 2년으로 한다.

16 | ②

보수월액〈「국민건강보험법」제70조〉
㉠ 직장가입자의 보수월액은 직장가입자가 지급받는 보수를 기준으로 하여 산정한다.
㉡ 휴직이나 그 밖의 사유로 보수의 전부 또는 일부가 지급되지 아니하는 가입자의 보수월액보험료는 해당 사유가 생기기 전 달의 보수월액을 기준으로 산정한다.

17 | ②

직장가입자의 보험료율은 1천분의 80의 범위에서 심의위원회의 의결을 거쳐 대통령령으로 정한다〈「국민건강보험법」제73조 제1항〉.
※ 국외에서 업무에 종사하고 있는 직장가입자에 대한 보험료율은 정해진 보험료율의 100분의 50으로 한다〈「국민건강보험법」제73조 제2항〉.

18 | ②

② 이의신청은 처분이 있음을 안 날부터 90일 이내에 문서(전자문서 포함)로 하여야 하며 처분이 있은 날부터 180일을 지나면 제기하지 못한다〈「국민건강보험법」제87조 제3항〉.
※ 이의신청〈「국민건강보험법」제87조〉
  ㉠ 가입자 및 피부양자의 자격, 보험료등, 보험급여, 보험급여 비용에 관한 공단의 처분에 이의가 있는 자는 공단에 이의신청을 할 수 있다.
  ㉡ 요양급여비용 및 요양급여의 적정성 평가 등에 관한 심사평가원의 처분에 이의가 있는 공단, 요양기관 또는 그 밖의 자는 심사평가원에 이의신청을 할 수 있다.
  ㉢ 이의신청은 처분이 있음을 안 날부터 90일 이내에 문서(전자문서를 포함한다)로 하여야 하며 처분이 있은 날부터 180일을 지나면 제기하지 못한다. 다만, 정당한 사유로 그 기간에 이의신청을 할 수 없었음을 소명한 경우에는 그러하지 아니하다.
  ㉣ 요양기관이 심사평가원의 확인에 대하여 이의신청을 하려면 같은 조 제2항에 따라 통보받은 날부터 30일 이내에 하여야 한다.
  ㉤ 제1항부터 제4항까지에서 규정한 사항 외에 이의신청의 방법·결정 및 그 결정의 통지 등에 필요한 사항은 대통령령으로 정한다.

19 | ③

서류의 보존은 ㉡은 5년 ㉠㉢㉣은 3년이다〈「국민건강보험법」제96조의4〉.

20 | ②

요양비 명세서나 요양 명세를 적은 영수증을 내주지 아니한 자는 500만원 이하의 벌금에 처한다〈「국민건강보험법」제117조〉.

1	③	2	②	3	③	4	③	5	②
6	④	7	④	8	③	9	②	10	①
11	①	12	④	13	②	14	②	15	①
16	①	17	②	18	②	19	④	20	②

1 | ③

국민건강보험법에 따른 건강보험사업은 보건복지부장관이 맡아 주관한다.〈「국민건강보험법」 제2조〉.

2 | ②

②는 종합계획에 포함되어야 할 사항이다.
①③④ 「국민건강보험법」 제3조의2 제5항

3 | ③

③ 심의위원회의 위원장은 보건복지부차관이 되고, 부위원장은 위원장이 지명하는 사람이 된다〈「국민건강보험법」 제4조 제3항〉.

4 | ③

가입자의 종류〈「국민건강보험법」 제6조〉
㉠ 가입자는 직장가입자와 지역가입자로 구분한다.
㉡ 모든 사업장의 근로자 및 사용자와 공무원 및 교직원은 직장가입자가 된다. 다만, 다음 어느 하나에 해당하는 사람은 제외한다.
• 고용 기간이 1개월 미만인 일용근로자
• 현역병(지원에 의하지 아니하고 임용된 하사를 포함한다), 전환복무된 사람 및 군간부후보생

• 선거에 당선되어 취임하는 공무원으로서 매월 보수 또는 보수에 준하는 급료를 받지 아니하는 사람
• 그 밖에 사업장의 특성, 고용 형태 및 사업의 종류 등을 고려하여 대통령령으로 정하는 사업장의 근로자 및 사용자와 공무원 및 교직원
㉢ 지역가입자는 직장가입자와 그 피부양자를 제외한 가입자를 말한다.

5 | ②

자격을 얻은 경우 그 직장가입자의 사용자 및 지역가입자의 세대주는 그 명세를 보건복지부령으로 정하는 바에 따라 자격을 취득한 날부터 14일 이내에 보험자에게 신고하여야 한다〈「국민건강보험법」 제8조 제2항〉.

6 | ④

㉠은 자격의 취득 시기이다〈「국민건강보험법」 제8조 제1항〉.
㉣은 자격의 변동 시기이다〈「국민건강보험법」 제9조 제1항〉.

※ 자격의 상실 시기〈「국민건강보험법」 제10조 제1항〉
   ㉠ 사망한 날의 다음 날
   ㉡ 국적을 잃은 날의 다음 날
   ㉢ 국내에 거주하지 아니하게 된 날의 다음 날
   ㉣ 직장가입자의 피부양자가 된 날
   ㉤ 수급권자가 된 날
   ㉥ 건강보험을 적용받고 있던 사람이 유공자등 의료보호대상자가 되어 건강보험의 적용배제신청을 한 날
※ 자격을 잃은 경우 직장가입자의 사용자와 지역가입자의 세대주는 그 명세를 보건복지부령으로 정하는 바에 따라 자격을 잃은 날부터 14일 이내에 보험자에게 신고하여야 한다.

7 | ④

자산의 관리·운영 및 증식사업〈「국민건강보험법」제14조 제2항〉…자산의 관리·운영 및 증식사업은 안정성과 수익성을 고려하여 다음 방법에 따라야 한다.

㉠ 체신관서 또는 은행에의 예입 또는 신탁

㉡ 국가·지방자치단체 또는 따른 은행이 직접 발행하거나 채무이행을 보증하는 유가증권의 매입

㉢ 특별법에 따라 설립된 법인이 발행하는 유가증권의 매입

㉣ 신탁업자가 발행하거나 같은 법에 따른 집합투자업자가 발행하는 수익증권의 매입

㉤ 공단의 업무에 사용되는 부동산의 취득 및 일부 임대

㉥ 그 밖에 공단 자산의 증식을 위하여 대통령령으로 정하는 사업

8 | ③

공단의 설립등기시 포함해야 할 사항〈「국민건강보험법」제18조〉

㉠ 목적

㉡ 명칭

㉢ 주된 사무소 및 분사무소의 소재지

㉣ 이사장의 성명·주소 및 주민등록번호

9 | ②

② 상임이사는 이사장의 명을 받아 공단의 업무를 집행한다〈「국민건강보험법」제22조 제2항〉.

※ 공단 임원의 직무〈「국민건강보험법」제22조〉

㉠ 이사장은 공단을 대표하고 업무를 총괄하며, 임기 중 공단의 경영성과에 대하여 책임을 진다.

㉡ 상임이사는 이사장의 명을 받아 공단의 업무를 집행한다.

㉢ 이사장이 부득이한 사유로 그 직무를 수행할 수 없을 때에는 정관으로 정하는 바에 따라 상임이사 중 1명이 그 직무를 대행하고, 상임이사가 없

거나 그 직무를 대행할 수 없을 때에는 정관으로 정하는 임원이 그 직무를 대행한다.

㉣ 감사는 공단의 업무, 회계 및 재산 상황을 감사한다.

10 | ①

① 공단은 회계연도마다 예산안을 편성하여 이사회의 의결을 거친 후 보건복지부장관의 승인을 받아야 한다. 예산을 변경할 때에도 또한 같다〈「국민건강보험법」제36조〉.

11 | ①

요양급여 범위〈「국민건강보험법」제41조 제1항〉

㉠ 진찰·검사

㉡ 약제(藥劑)·치료재료의 지급

㉢ 처치·수술 및 그 밖의 치료

㉣ 예방·재활

㉤ 입원

㉥ 간호

㉦ 이송(移送)

12 | ④

요양급여비용의 지급 보류〈「국민건강보험법」제47조의2 제1항〉…공단은 요양급여비용의 지급을 청구한 요양기관이 「의료법」제4조제2항, 제33조제2항·제8항 또는 「약사법」제20조제1항, 제21조제1항을 위반하였다는 사실을 수사기관의 수사 결과로 확인한 경우에는 해당 요양기관이 청구한 요양급여비용의 지급을 보류할 수 있다. 이 경우 요양급여비용 지급 보류 처분의 효력은 해당 요양기관이 그 처분 이후 청구하는 요양급여비용에 대해서도 미친다.

13 | ②

② 건강검진의 종류 및 대상〈「국민건강보험법」 제52조 제2항〉

㉠ 일반건강검진 : 직장가입자, 세대주인 지역가입자, 20세 이상인 지역가입자 및 20세 이상인 피부양자

㉡ 암검진 : 암의 종류별 검진주기와 연령 기준 등에 해당하는 사람

㉢ 영유아건강검진 : 6세 미만의 가입자 및 피부양자

14 | ②

② 공단은 속임수나 그 밖의 부당한 방법으로 보험급여를 받은 사람·준요양기관 및 보조기기 판매업자나 보험급여 비용을 받은 요양기관에 대하여 그 보험급여나 보험급여 비용에 상당하는 금액의 전부 또는 일부를 징수한다.〈「국민건강보험법」 제57조 제1항〉.

15 | ①

① 심사평가원의 업무를 효율적으로 수행하기 위하여 심사평가원에 진료심사평가위원회를 둔다〈「국민건강보험법」 제66조 제1항〉.

16 | ①

직장가입자의 보험료 면제 대상〈「국민건강보험법」 제74조 제1항〉

㉠ 국외에 체류하는 경우 : 1개월 이상의 기간으로서 대통령령으로 정하는 기간 이상 국외에 체류하는 경우에 한정

㉡ 현역병, 전환복무된 사람 및 군간부후보생

㉢ 교도소, 그 밖에 이에 준하는 시설에 수용되어 있는 경우

※ 국외에 체류하는 직장가입자의 경우에는 국내에 거주하는 피부양자가 없을 때에만 보험료를 면제한다.

17 | ②

연체금〈「국민건강보험법」 제80조 제1항〉 … 공단은 보험료등의 납부의무자가 납부기한까지 보험료등을 내지 아니하면 그 납부기한이 지난 날부터 매 1일이 경과할 때마다 연체금을 징수한다.

㉠ 보험료 또는 보험급여 제한 기간 중 받은 보험급여에 대한 징수금을 체납한 경우 : 해당 체납금액의 1천500분의 1에 해당하는 금액. 이 경우 연체금은 해당 체납금액의 1천분의 20을 넘지 못한다.

㉡ ㉠ 외에 징수금을 체납한 경우 : 해당 체납금액의 1천분의 1에 해당하는 금액. 이 경우 연체금은 해당 체납금액의 1천분의 30을 넘지 못한다.

18 | ②

㉠ 심판청구를 심리·의결하기 위하여 보건복지부에 건강보험분쟁조정위원회를 둔다〈「국민건강보험법」 제89조 제1항〉.

㉣ 분쟁조정위원회 및 사무국의 구성 및 운영 등에 필요한 사항은 대통령령으로 정한다〈「국민건강보험법」 제89조 제6항〉.

19 | ④

위반사실의 공표〈「국민건강보험법」 제100조 제1항〉 … 보건복지부장관은 관련 서류의 위조·변조로 요양급여비용을 거짓으로 청구하여 행정처분을 받은 요양기관이 다음 어느 하나에 해당하면 그 위반 행위, 처분 내용, 해당 요양기관의 명칭·주소 및 대표자 성명, 그 밖에 다른 요양기관과의 구별에 필요한 사항으로서 대통령령으로 정하는 사항을 공표할 수 있다. 이 경우 공표 여부를 결정할 때에는 그 위반행위의 동기, 정도, 횟수 및 결과 등을 고려하여야 한다.

㉠ 거짓으로 청구한 금액이 1천 500만원 이상인 경우

㉡ 요양급여비용 총액 중 거짓으로 청구한 금액의 비율이 100분의 20 이상인 경우

20 | ②

㉠㉢㉣은 500만원 이하의 과태료를 부과한다〈「국민건강보험법」 제119조 제3항〉.
㉡㉤은 100만원 이하의 과태료를 부과한다〈「국민건강보험법」 제119조 제4항〉.

1	②	2	②	3	④	4	③	5	③
6	④	7	②	8	①	9	③	10	③
11	①	12	④	13	②	14	④	15	①
16	③	17	②	18	③	19	④	20	②

1 | ②

근로자 ··· 직업의 종류와 관계없이 근로의 대가로 보수를 받아 생활하는 사람(법인의 이사와 그 밖의 임원을 포함한다)으로서 공무원 및 교직원을 제외한 사람을 말한다〈「국민건강보험법」 제3조〉.

2 | ②

㉠ 심의위원회 위원(법제4조제4항제4호가목에 따른 위원 제외)의 임기는 3년으로 한다. 다만, 위원의 사임 등으로 새로 위촉된 위원의 임기는 전임위원 임기의 남은 기간으로 한다〈「국민건강보험법」 제4조 제5항〉.
㉡ 공단 이사(공무원 이사 제외)와 감사의 임기는 각각 2년으로 한다〈「국민건강보험법」 제20조 제7항〉.
㉢ 심사평가원장의 임기는 3년으로 한다〈「국민건강보험법」 제65조 제7항〉.
㉣ 공단 이사장의 임기는 3년으로 한다〈「국민건강보험법」 제20조 제7항〉.

3 | ④

④는 종합계획 수립의 포함사항이다.
※ 건강보험정책심의위원회〈「국민건강보험법」 제4조 제1항〉 ··· 건강보험정책에 관한 다음 사항을 심의·의결하기 위하여 보건복지부장관 소속으로 건강보험정책심의위원회를 둔다.

㉠ 종합계획 및 시행계획에 관한 사항(심의에 한정)
　㉡ 요양급여의 기준
　㉢ 요양급여비용에 관한 사항
　㉣ 직장가입자의 보험료율
　㉤ 지역가입자의 보험료부과점수당 금액
　㉥ 그 밖에 건강보험에 관한 주요 사항으로서 대통령령으로 정하는 사항

4 | ③

사업장의 사용자는 ㉠㉡에 해당하게 되면 그 때부터 14일 이내에 보건복지부령으로 정하는 바에 따라 보험자에게 신고하여야 한다. 보험자에게 신고한 내용이 변경된 경우에도 또한 같다〈「국민건강보험법」 제7조〉.

5 | ③

법무부장관 및 국방부장관은 직장가입자나 지역가입자가 현역병(지원에 의하지 아니하고 임용된 하사를 포함), 전환복무된 사람 및 군간부후보생에 해당하게 된 경우 또는 교도소, 그 밖에 이에 준하는 시설에 수용되어 있는 경우에 해당하면 보건복지부령으로 정하는 바에 따라 그 사유에 해당된 날부터 1개월 이내에 보험자에게 알려야 한다〈「국민건강보험법」 제9조 제3항〉.

6 | ④

건강보험증을 제출하지 않아도 되는 경우〈「국민건강보험법」 제12조 제1항, 제2항〉
　㉠ 천재지변이나 그 밖의 부득이한 사유가 있는 경우
　㉡ 주민등록증, 운전면허증, 여권, 그 밖에 보건복지부령으로 정하는 본인 여부를 확인할 수 있는 신분증명서로 요양기관이 그 자격을 확인할 수 있는 경우

7 | ②

㉢㉥은 건강보험심사평가원의 업무이다.

※ 국민건강보험공단의 관장 업무〈「국민건강보험법」 제14조 제1항〉
　㉠ 가입자 및 피부양자의 자격 관리
　㉡ 보험료와 그 밖에 이 법에 따른 징수금의 부과·징수
　㉢ 보험급여의 관리
　㉣ 가입자 및 피부양자의 질병의 조기발견·예방 및 건강관리를 위하여 요양급여 실시 현황과 건강검진 결과 등을 활용하여 실시하는 예방사업으로서 대통령령으로 정하는 사업
　㉤ 보험급여 비용의 지급
　㉥ 자산의 관리·운영 및 증식사업
　㉦ 의료시설의 운영
　㉧ 건강보험에 관한 교육훈련 및 홍보
　㉨ 건강보험에 관한 조사연구 및 국제협력
　㉩ 이 법에서 공단의 업무로 정하고 있는 사항
　㉪ 징수위탁근거법에 따라 위탁받은 업무
　㉫ 그 밖에 이 법 또는 다른 법령에 따라 위탁받은 업무
　㉬ 그 밖에 건강보험과 관련하여 보건복지부장관이 필요하다고 인정한 업무

8 | ①

임원의 해임사유〈「국민건강보험법」 제24조 제2항〉
　㉠ 신체장애나 정신장애로 직무를 수행할 수 없다고 인정되는 경우
　㉡ 직무상 의무를 위반한 경우
　㉢ 고의나 중대한 과실로 공단에 손실이 생기게 한 경우
　㉣ 직무 여부와 관계없이 품위를 손상하는 행위를 한 경우
　㉤ 이 법에 따른 보건복지부장관의 명령을 위반한 경우

9 | ③

요양급여 범위〈「국민건강보험법」 제41조 제1항〉

㉠ 진찰 · 검사

㉡ 약제(藥劑) · 치료재료의 지급

㉢ 처치 · 수술 및 그 밖의 치료

㉣ 예방 · 재활

㉤ 입원

㉥ 간호

㉦ 이송(移送)

10 | ③

요양기관〈「국민건강보험법」 제42조 제1항〉

㉠ 의료기관

㉡ 약국

㉢ 한국희귀 · 필수의약품센터

㉣ 보건소 · 보건의료원 및 보건지소

㉤ 보건진료소

11 | ①

① 준요양기관에서 질병 · 부상 · 출산 등에 대하여 요양을 받거나 요양기관이 아닌 장소에서 출산한 경우에는 그 요양급여에 상당하는 금액을 보건복지부령으로 정하는 바에 따라 가입자나 피부양자에게 요양비로 지급한다〈「국민건강보험법」 제49조 제1항〉.

②③ 준요양기관은 보건복지부장관이 정하는 요양비 명세서나 요양 명세를 적은 영수증을 요양을 받은 사람에게 내주어야 하며, 요양을 받은 사람은 그 명세서나 영수증을 공단에 제출하여야 한다〈「국민건강보험법」 제49조 제2항〉.

④ 준요양기관은 요양을 받은 가입자나 피부양자의 위임이 있는 경우 공단에 요양비의 지급을 직접 청구할 수 있다. 이 경우 공단은 지급이 청구된 내용의 적정성을 심사하여 준요양기관에 요양비를 지급할 수 있다〈「국민건강보험법」 제49조 제3항〉.

12 | ④

보험료의 부담〈「국민건강보험법」 제76조 제1항〉 … 직장가입자가 교직원으로서 사립학교에 근무하는 교원이면 보험료액은 그 직장가입자가 100분의 50을, 제3조제2호다목에 해당하는 사용자가 100분의 30을, 국가가 100분의 20을 각각 부담한다.

13 | ②

보험료등의 납입 고지 내역〈「국민건강보험법」 제79조 제1항〉

㉠ 징수하려는 보험료등의 종류

㉡ 납부해야 하는 금액

㉢ 납부기한 및 장소

14 | ④

④ 공단은 납부기한의 다음 날부터 1년이 지난 보험료와 그 밖의 징수금과 체납처분비의 총액이 500만원 이상인 자의 인적사항을 종합신용정보집중기관에 제공할 수 있다〈「국민건강보험법」 제81조의2 제1항〉.

※ 체납된 보험료나 이 법에 따른 그 밖의 징수금과 관련하여 행정심판 또는 행정소송이 계류 중인 경우, 그 밖에 대통령령으로 정하는 사유가 있을 때에는 제공할 수 없다.

15 | ①

체납보험료의 분할납부〈「국민건강보험법」 제82조 제1항〉 … 공단은 보험료를 3회 이상 체납한 자가 신청하는 경우 보건복지부령으로 정하는 바에 따라 분할납부를 승인할 수 있다.

※ 공단은 분할납부 승인을 받은 자가 정당한 사유 없이 5회 이상 그 승인된 보험료를 납부하지 아니하면 그 분할납부의 승인을 취소한다〈「국민건강보험법」 제82조 제3항〉.

16 | ③

③ 공단은 결손처분을 한 후 압류할 수 있는 다른 재산이 있는 것을 발견한 때에는 지체 없이 그 처분을 취소하고 체납처분을 하여야 한다〈「국민건강보험법」 제84조 제2항〉.

※ 결손처분〈「국민건강보험법」 제84조 제1항〉 … 공단은 다음 어느 하나에 해당하는 사유가 있으면 재정운영위원회의 의결을 받아 보험료등을 결손처분할 수 있다.
  ㉠ 체납처분이 끝나고 체납액에 충당될 배분금액이 그 체납액에 미치지 못하는 경우
  ㉡ 해당 권리에 대한 소멸시효가 완성된 경우
  ㉢ 그 밖에 징수할 가능성이 없다고 인정되는 경우로서 대통령령으로 정하는 경우

17 | ②

과징금〈「국민건강보험법」 제99조 제1항〉 … ① 보건복지부장관은 요양기관이 제98조제1항제1호 또는 제3호에 해당하여 업무정지 처분을 하여야 하는 경우로서 그 업무정지 처분이 해당 요양기관을 이용하는 사람에게 심한 불편을 주거나 보건복지부장관이 정하는 특별한 사유가 있다고 인정되면 업무정지 처분을 갈음하여 속임수나 그 밖의 부당한 방법으로 부담하게 한 금액의 5배 이하의 금액을 과징금으로 부과·징수할 수 있다. 이 경우 보건복지부장관은 12개월의 범위에서 분할납부를 하게 할 수 있다.

18 | ③

③ 국민건강보험법 또는 다른 법령에서 공단과 심사평가원이 위탁받은 업무를 감독할 수 있다〈「국민건강보험법」 제103조 제1항〉.
① 공단의 업무이다〈「국민건강보험법」 제14조 제1항 제3호〉.
② 심사평가원의 업무이다〈「국민건강보험법」 제63조 제1항〉.

※ 공단 등에 대한 감독 등〈「국민건강보험법」 제103조〉 … 보건복지부장관은 공단과 심사평가원의 경영목표를 달성하기 위하여 다음의 사업이나 업무에 대하여 보고를 명하거나 그 사업이나 업무 또는 재산상황을 검사하는 등 감독을 할 수 있다.
  ㉠ 공단의 업무 및 심사평가원의 업무
  ㉡ 경영지침의 이행과 관련된 사업
  ㉢ 이 법 또는 다른 법령에서 공단과 심사평가원이 위탁받은 업무
  ㉣ 그 밖에 관계 법령에서 정하는 사항과 관련된 사업

19 | ④

④ 국내체류 외국인등에 해당하는 지역가입자의 보험료는 그 직전 월 25일까지 납부하여야 한다〈「국민건강보험법」 제109조 제8항〉.

20 | ②

② 거짓이나 그 밖의 부정한 방법으로 보험급여를 받거나 타인으로 하여금 보험급여를 받게 한 사람은 2년 이하의 징역 또는 2천만원 이하의 벌금에 처한다〈「국민건강보험법」 제115조 제4항〉.
① 5년 이하의 징역 또는 5천만원 이하의 벌금에 처한다〈「국민건강보험법」 제115조 제1항〉.
③ 3년 이하의 징역 또는 3천만원 이하의 벌금에 처한다〈「국민건강보험법」 제115조 제2항〉.
④ 3년 이하의 징역 또는 1천만원 이하의 벌금에 처한다〈「국민건강보험법」 제115조 제3항〉.

1	③	2	④	3	①	4	④	5	③
6	③	7	②	8	②	9	③	10	③
11	③	12	④	13	②	14	②	15	③
16	③	17	③	18	②	19	③	20	②

1 | ③

사용자〈「국민건강보험법」 제3조 제2호〉
㉠ 근로자가 소속되어 있는 사업장의 사업주
㉡ 공무원이 소속되어 있는 기관의 장으로서 대통령령으로 정하는 사람
㉢ 교직원이 소속되어 있는 사립학교(「사립학교교직원연금법」 제3조에 규정된 사립학교를 말한다)를 설립·운영하는 자

2 | ④

가입자〈국민건강보험법 제5조〉
㉠ 국내에 거주하는 국민
㉡ 유공자 등 의료보호대상자 중 건강보험의 적용을 보험자에게 신청한 사람
㉢ 건강보험을 적용받고 있던 사람이 유공자 등 의료보호대상자로 되었으나 건강보험의 적용배제신청을 보험자에게 하지 아니한 사람
☞ 가입자 제외 대상자
　㉠ 의료급여를 받는 사람(수급권자)
　㉡ 의료보호를 받는 사람(유공자등 의료보호대상자)
※ 피부양자
　㉠ 직장가입자의 배우자
　㉡ 직장가입자의 직계존속(배우자의 직계존속을 포함한다)
　㉢ 직장가입자의 직계비속(배우자의 직계비속을 포함한다)과 그 배우자
　㉣ 직장가입자의 형제·자매

3 | ①

직장가입자 제외 대상〈국민건강보험법 제6조 제2항〉
㉠ 고용 기간이 1개월 미만인 일용근로자
㉡ 현역병(지원에 의하지 아니하고 임용된 하사를 포함한다), 전환복무된 사람 및 군간부후보생
㉢ 선거에 당선되어 취임하는 공무원으로서 매월 보수 또는 보수에 준하는 급료를 받지 아니하는 사람
㉣ 그 밖에 사업장의 특성, 고용 형태 및 사업의 종류 등을 고려하여 대통령령으로 정하는 사업장의 근로자 및 사용자와 공무원 및 교직원

4 | ④

사업장의 신고〈국민건강보험법 제7조〉 … 사업장의 사용자는 다음 어느 하나에 해당하게 되면 그 때부터 14일 이내에 보건복지부령으로 정하는 바에 따라 보험자에게 신고하여야 한다. ㉠에 해당되어 보험자에게 신고한 내용이 변경된 경우에도 또한 같다.
㉠ 직장가입자가 되는 근로자·공무원 및 교직원을 사용하는 사업장(이하 "적용대상사업장"이라 한다)이 된 경우
㉡ 휴업·폐업 등 보건복지부령으로 정하는 사유가 발생한 경우

5 | ③

공단의 임원〈국민건강보험법 제20조〉 … 공단은 임원으로서 이사장 1명, 이사 14명 및 감사 1명을 둔다. 이 경우 이사장, 이사 중 5명 및 감사는 상임으로 한다.
※ 심사평가원의 임원〈국민건강보험법 제65조〉 … 심사평가원에 임원으로서 원장, 이사 15명 및 감사 1명을 둔다. 이 경우 원장, 이사 중 4명 및 감사는 상임으로 한다.

6 | ③

③ 공단 임원의 결격사유 중 하나로 대한민국 국민이 아닌 사람은 공단의 임원이 될 수 없다〈국민건강보험법 제23조 제1호〉.

① 국민건강보험공단은 가입자 또는 피부양자가 신청하는 경우 건강보험증을 발급하여야 한다〈국민건강보험법 제12조 제1항〉.

② 징수이사는 상임이사 중 제14조제1항제2호 및 제11호의 업무를 담당하는 이사(이하 "징수이사"라 한다)는 경영, 경제 및 사회보험에 관한 학식과 경험이 풍부한 사람으로서 보건복지부령으로 정하는 자격을 갖춘 사람 중에서 선임한다〈국민건강보험법 제21조 제1항〉.

④ 환자의 이송(移送)도 요양급여를 실시한다.

※ 요양급여〈국민건강보험법 제42조 제1항〉 ⋯ 가입자와 피부양자의 질병, 부상, 출산 등에 대하여 다음의 요양급여를 실시한다.

    ㉠ 진찰 · 검사

    ㉡ 약제(藥劑) · 치료재료의 지급

    ㉢ 처치 · 수술 및 그 밖의 치료

    ㉣ 예방 · 재활

    ㉤ 입원

    ㉥ 간호

    ㉦ 이송(移送)

7 ②

② 심사평가원은 요양급여에 대한 의료의 질을 향상시키기 위하여 요양급여의 적정성 평가를 실시할 수 있다〈「국민건강보험법」 제47조의2 제1항〉.

※ 요양급여의 적정성 평가〈「국민건강보험법」 제47조의4〉

    ㉠ 심사평가원은 요양급여에 대한 의료의 질을 향상시키기 위하여 요양급여의 적정성 평가(이하 이 조에서 "평가"라 한다)를 실시할 수 있다.

    ㉡ 심사평가원은 요양기관의 인력 · 시설 · 장비, 환자 안전 등 요양급여와 관련된 사항을 포함하여 평가할 수 있다.

    ㉢ 심사평가원은 평가 결과를 평가대상 요양기관에 통보하여야 하며, 평가 결과에 따라 요양급여비용을 가산 또는 감산할 경우에는 그 결정사항이 포함된 평가 결과를 가감대상 요양기관 및 공단에 통보하여야 한다.

    ㉣ 평가의 기준 · 범위 · 절차 · 방법 등에 필요한 사항은 보건복지부령으로 정한다.

8 | ②

요양비〈「국민건강보험법」 제49조〉

㉠ 공단은 가입자나 피부양자가 보건복지부령으로 정하는 긴급하거나 그 밖의 부득이한 사유로 요양기관과 비슷한 기능을 하는 기관으로서 보건복지부령으로 정하는 기관(제98조제1항에 따라 업무정지기간 중인 요양기관을 포함한다. 이하 "준요양기관"이라 한다)에서 질병 · 부상 · 출산 등에 대하여 요양을 받거나 요양기관이 아닌 장소에서 출산한 경우에는 그 요양급여에 상당하는 금액을 보건복지부령으로 정하는 바에 따라 가입자나 피부양자에게 요양비로 지급한다.

㉡ 준요양기관은 보건복지부장관이 정하는 요양비 명세서나 요양 명세를 적은 영수증을 요양을 받은 사람에게 내주어야 하며, 요양을 받은 사람은 그 명세서나 영수증을 공단에 제출하여야 한다.

㉢ 준요양기관은 요양을 받은 가입자나 피부양자의 위임이 있는 경우 공단에 요양비의 지급을 직접 청구할 수 있다. 이 경우 공단은 지급이 청구된 내용의 적정성을 심사하여 준요양기관에 요양비를 지급할 수 있다.

㉣ 준요양기관의 요양비 지급 청구, 공단의 적정성 심사 등에 필요한 사항은 보건복지부령으로 정한다.

9 | ③

보험 급여의 제한〈「국민건강보험법」 제53조 제1항〉

㉠ 고의 또는 중대한 과실로 인한 범죄행위에 그 원인이 있거나 고의로 사고를 일으킨 경우

㉡ 고의 또는 중대한 과실로 공단이나 요양기관의 요양에 관한 지시에 따르지 아니한 경우

㉢ 고의 또는 중대한 과실로 문서와 그 밖의 물건의 제출을 거부하거나 질문 또는 진단을 기피한 경우

㉣ 업무 또는 공무로 생긴 질병·부상·재해로 다른 법령에 따른 보험급여나 보상(報償) 또는 보상(補償)을 받게 되는 경우

10 | ③

심사평가원의 관장업무〈건강보험법 제63조〉

㉠ 요양급여비용의 심사

㉡ 요양급여의 적정성 평가

㉢ 심사기준 및 평가기준의 개발

㉣ ㉠부터 ㉢까지의 규정에 따른 업무와 관련된 조사연구 및 국제협력

㉤ 다른 법률에 따라 지급되는 급여비용의 심사 또는 의료의 적정성 평가에 관하여 위탁받은 업무

㉥ 그 밖에 이 법 또는 다른 법령에 따라 위탁받은 업무

㉦ 건강보험과 관련하여 보건복지부장관이 필요하다고 인정한 업무

㉧ 그 밖에 보험급여 비용의 심사와 보험급여의 적정성 평가와 관련하여 대통령령으로 정하는 업무

11 | ③

보험료〈건강보험법 제69조〉

㉠ 공단은 건강보험사업에 드는 비용에 충당하기 위하여 보험료의 납부의무자로부터 보험료를 징수한다.

㉡ 보험료는 가입자의 자격을 취득한 날이 속하는 달의 다음 달부터 가입자의 자격을 잃은 날의 전날이 속하는 달까지 징수한다. 다만, 가입자의 자격을 매월 1일에 취득한 경우 또는 건강보험 적용 신청으로 가입자의 자격을 취득하는 경우에는 그 달부터 징수한다.

㉢ 보험료를 징수할 때 가입자의 자격이 변동된 경우에는 변동된 날이 속하는 달의 보험료는 변동되기 전의 자격을 기준으로 징수한다. 다만, 가입자의 자격이 매월 1일에 변동된 경우에는 변동된 자격을 기준으로 징수한다.

12 | ④

보험료율〈국민건강보험법 제73조〉

㉠ 직장가입자의 보험료율은 1천분의 80의 범위에서 심의위원회의 의결을 거쳐 대통령령으로 정한다.

㉡ 국외에서 업무에 종사하고 있는 직장가입자에 대한 보험료율은 ㉠에 따라 정해진 보험료율의 100분의 50으로 한다.

㉢ 지역가입자의 보험료부과점수당 금액은 심의위원회의 의결을 거쳐 대통령령으로 정한다.

13 | ②

보험료의 경감〈국민건강보험법 제75조〉 … 다음에 해당하는 가입자 중 보건복지부령으로 정하는 가입자에 대하여는 그 가입자 또는 그 가입자가 속한 세대의 보험료의 일부를 경감할 수 있다.

㉠ 섬·벽지(僻地)·농어촌 등 대통령령으로 정하는 지역에 거주하는 사람

㉡ 65세 이상인 사람

㉢ 장애인

ⓔ 국가유공자

ⓜ 휴직자

ⓗ 그 밖에 생활이 어렵거나 천재지변 등의 사유로 보험료를 경감할 필요가 있다고 보건복지부장관이 정하여 고시하는 사람

14 | ②

보험료의 납부기한〈국민건강보험법 제78조〉

㉠ 보험료 납부의무가 있는 자는 가입자에 대한 그 달의 보험료를 그 다음 달 10일까지 납부하여야 한다. 다만, 직장가입자의 소득월액보험료 및 지역가입자의 보험료는 보건복지부령으로 정하는 바에 따라 분기별로 납부할 수 있다.

㉡ 공단은 납입 고지의 송달 지연 등 보건복지부령으로 정하는 사유가 있는 경우 납부의무자의 신청에 납부기한부터 1개월의 범위에서 납부기한을 연장할 수 있다. 이 경우 납부기한 연장을 신청하는 방법, 절차 등에 필요한 사항은 보건복지부령으로 정한다.

15 | ③

이의신청〈국민건강보험법 제87조〉

㉠ 가입자 및 피부양자의 자격, 보험료등, 보험급여, 보험급여 비용에 관한 공단의 처분에 이의가 있는 자는 공단에 이의신청을 할 수 있다.

㉡ 이의신청은 처분이 있음을 안 날부터 90일 이내에 문서(전자문서를 포함한다)로 하여야 하며 처분이 있은 날부터 180일을 지나면 제기하지 못한다. 다만, 정당한 사유로 그 기간에 이의신청을 할 수 없었음을 소명한 경우에는 그러하지 아니하다.

16 | ③

③ 휴직자등의 보수월액보험료를 징수할 권리의 소멸시효는 고지가 유예된 경우 휴직 등의 사유가 끝날 때까지 진행하지 아니한다.

※ 시효〈국민건강보험법 제91조〉… 다음의 권리는 3년 동안 행사하지 아니하면 소멸시효가 완성된다.

㉠ 보험료, 연체금 및 가산금을 징수할 권리

㉡ 보험료, 연체금 및 가산금으로 과오납부한 금액을 환급받을 권리

㉢ 보험급여를 받을 권리

㉣ 보험급여 비용을 받을 권리

㉤ 과다납부된 본인일부부담금을 돌려받을 권리

ⓗ 근로복지공단의 권리

17 | ③

금융정보등의 제공〈「국민건강보험법」 제96조의2〉

㉠ 공단은 지역가입자의 보험료부과점수 산정을 위하여 필요한 경우 지역가입자가 제출한 동의 서면을 전자적 형태로 바꾼 문서에 의하여 신용정보집중기관 또는 금융회사등(이하 이 조에서 "금융기관등"이라 한다)의 장에게 금융정보등을 제공하도록 요청할 수 있다.

㉡ 금융정보등의 제공을 요청받은 금융기관등의 장은 명의인의 금융정보등을 제공하여야 한다.

㉢ 금융정보등을 제공한 금융기관등의 장은 금융정보등의 제공 사실을 명의인에게 통보하여야 한다. 다만, 명의인이 동의한 경우에는 통보하지 아니할 수 있다.

㉣ 금융정보등의 제공 요청 및 제공 절차 등에 필요한 사항은 대통령령으로 정한다.

18 | ②

가족관계등록 전산정보의 공동이용〈「국민건강보험법」 제96조의3〉

㉠ 공단은 제96조제1항 각 호의 업무를 수행하기 위하여 「전자정부법」에 따라 「가족관계의 등록 등에 관한 법률」 제9조에 따른 전산정보자료를 공동이용(「개인정보 보호법」 제2조제2호에 따른 처리를 포함한다)할 수 있다.

㉡ 법원행정처장은 제1항에 따라 공단이 전산정보자료의 공동이용을 요청하는 경우 그 공동이용을 위하여 필요한 조치를 취하여야 한다.

㉢ 누구든지 ㉠에 따라 공동이용하는 전산정보자료를 그 목적 외의 용도로 이용하거나 활용하여서는 아니 된다.

19 | ③

업무정지〈「국민건강보험법」 제98조〉 … 보건복지부장관은 요양기관이 다음의 어느 하나에 해당하면 그 요양기관에 대하여 1년의 범위에서 기간을 정하여 업무정지를 명할 수 있다.

㉠ 속임수나 그 밖의 부당한 방법으로 보험자·가입자 및 피부양자에게 요양급여비용을 부담하게 한 경우

㉡ 명령에 위반하거나 거짓 보고를 하거나 거짓 서류를 제출하거나, 소속 공무원의 검사 또는 질문을 거부·방해 또는 기피한 경우

㉢ 정당한 사유 없이 요양기관이 결정을 신청하지 아니하고 속임수나 그 밖의 부당한 방법으로 행위·치료재료를 가입자 또는 피부양자에게 실시 또는 사용하고 비용을 부담시킨 경우

20 | ②

② 요양비 명세서나 요양 명세를 적은 영수증을 내주지 아니한 자는 500만원 이하의 벌금에 처한다〈국민건강보험법 제117조〉.

①③④ 제97조(보고와 검사)제2항을 위반하여 보고 또는 서류 제출을 하지 아니한 자, 거짓으로 보고하거나 거짓 서류를 제출한 자, 검사나 질문을 거부·방해 또는 기피한 자는 1천만원 이하의 벌금에 처한다〈국민건강보험법 제116조〉.

국민건강보험법

국민건강보험공단
기출복원 문제

1 다음 중 국민건강보험법에 대한 설명으로 옳지 않은 것은?

① 건강보험사업은 보건복지부장관이 맡아 주관한다.

② 근로자가 소속되어 있는 사업장의 사업주를 사용자라고 한다.

③ 보건복지부장관은 건강보험의 건전한 운영을 위하여 5년마다 종합계획을 수립하여야 한다.

④ 건강보험정책에 관한 사항을 심의·의결하기 위하여 심사위원회를 둔다.

> **TIP** ④ 건강보험정책에 관한 사항을 심의·의결하기 위하여 보건복지부장관 소속으로 심의위원회를 둔다〈「국민건강보험법」 제4조 제1항〉.
> ※ 심사위원회는 심사평가원에 둔다.
> ① 「국민건강보험법」 제2조
> ② 「국민건강보험법」 제3조 제2호
> ③ 「국민건강보험법」 제3조의2 제1항

2 다음 중 피부양자의 범위에 대한 설명으로 옳지 않은 것은?

① 직장가입자의 배우자는 피부양자이다.

② 직장가입자 배우자의 직계존속은 피부양자에 제외한다.

③ 직장가입자의 형제·자매는 피부양자이다.

④ 직장가입자의 직계비속은 피부양자에 포함한다.

> **TIP** 피부양자 … 피부양자는 직장가입자에게 주로 생계를 의존하는 사람으로서 소득 및 재산이 보건복지부령으로 정하는 기준 이하에 해당하는 사람을 말한다〈「국민건강보험법」 제5조 제2항〉.
> ㉠ 직장가입자의 배우자
> ㉡ 직장가입자의 직계존속(배우자의 직계존속을 포함한다)
> ㉢ 직장가입자의 직계비속(배우자의 직계비속을 포함한다)과 그 배우자
> ㉣ 직장가입자의 형제·자매

ANSWER 1.④ 2.②

3 다음은 사업장의 신고사유를 나열한 것이다. 다음 사유가 발생한 날로부터의 신고기간은?

> ㉠ 직장가입자가 되는 근로자·공무원 및 교직원을 사용하는 사업장이 된 경우
> ㉡ 휴업·폐업 등 보건복지부령으로 정하는 사유가 발생한 경우

① 7일 이내   ② 14인 이내

③ 21일 이내   ④ 30일 이내

TIP 사업장의 신고 … 사업장의 사용자는 위 ㉠㉡에 해당하게 되면 그 때부터 14일 이내에 보건복지부령으로 정하는 바에 따라 보험자에게 신고하여야 한다〈「국민건강보험법」 제7조〉.

4 다음 중 자격의 변동 시기로 옳은 것은?

> ㉠ 지역가입자가 적용대상사업장의 사용자로 되는 날
> ㉡ 적용대상사업장이 폐업한 날의 다음 날
> ㉢ 수급권자이었던 사람이 그 대상자에서 제외된 날
> ㉣ 직장가입자인 근로자등이 그 사용관계가 끝난 날의 다음 날

① ㉠㉡   ② ㉠㉡㉣

③ ㉠㉢㉣   ④ ㉠㉡㉢㉣

TIP ㉢은 자격의 취득 시기이다〈「국민건강보험법」 제8조 제1항 제1호〉.
    ※ **자격의 변동 시기 등**〈「국민건강보험법」 제9조 제1항〉
        ㉠ 지역가입자가 적용대상사업장의 사용자로 되거나, 근로자·공무원 또는 교직원(근로자등)으로 사용된 날
        ㉡ 직장가입자가 다른 적용대상사업장의 사용자로 되거나 근로자등으로 사용된 날
        ㉢ 직장가입자인 근로자등이 그 사용관계가 끝난 날의 다음 날
        ㉣ 적용대상사업장에 휴업·폐업 등 보건복지부령으로 정하는 사유가 발생한 날의 다음 날
        ㉤ 지역가입자가 다른 세대로 전입한 날
    ※ 자격이 변동된 경우 직장가입자의 사용자와 지역가입자의 세대주는 그 명세를 보건복지부령으로 정하는 바에 따라 자격이 변동된 날부터 14일 이내에 보험자에게 신고하여야 한다.

ANSWER 3.② 4.②

5 다음 중 건강보험증에 대한 설명으로 옳지 않은 것은?

① 공단은 가입자 또는 피부양자가 건강보험증을 신청하는 경우에 발급한다.

② 가입자가 요양급여를 받을 때에는 건강보험증을 요양기관에 제출하여야 한다.

③ 가입자 또는 피부양자는 요양기관이 신분증명서로 자격을 확인할 수 있으면 건강보험증을 제출하지 않아도 된다.

④ 피부양자는 가입자의 자격이 상실되어도 신분증을 이용하여 보험급여를 받아도 된다.

TIP ④ 가입자·피부양자는 자격을 잃은 후 자격을 증명하던 서류를 사용하여 보험급여를 받아서는 아니 된다〈「국민건강보험법」 제12조 제4항〉.
① 「국민건강보험법」 제12조 제1항
② 「국민건강보험법」 제12조 제2항
③ 「국민건강보험법」 제12조 제3항

6 다음에서 공단의 업무만을 고르면?

> ㉠ 피부양자의 자격 관리
> ㉡ 건강보험에 관한 국제협력
> ㉢ 요양급여의 적정성 평가
> ㉣ 의료시설인 병원 운영
> ㉤ 보험급여의 관리
> ㉥ 심사기준 업무와 관련된 조사연구

① ㉠㉡㉢　　　　　　　② ㉠㉢㉣㉤
③ ㉠㉡㉣㉤　　　　　　④ ㉠㉡㉢㉣㉤㉥

TIP ㉢㉥은 심사평가원의 업무이다.
※ **공단의 업무**〈「국민건강보험법」 제14조 제1항〉
㉠ 가입자 및 피부양자의 자격 관리
㉡ 보험료와 그 밖에 이 법에 따른 징수금의 부과·징수
㉢ 보험급여의 관리

② 가입자 및 피부양자의 질병의 조기발견·예방 및 건강관리를 위하여 요양급여 실시 현황과 건강검진 결과 등을 활용하여 실시하는 예방사업으로서 대통령령으로 정하는 사업
⑩ 보험급여 비용의 지급
⑪ 자산의 관리·운영 및 증식사업
⑫ 의료시설의 운영
⑬ 건강보험에 관한 교육훈련 및 홍보
⑭ 건강보험에 관한 조사연구 및 국제협력
⑮ 이 법에서 공단의 업무로 정하고 있는 사항
⑯ 징수위탁근거법에 따라 위탁받은 업무
⑰ 그 밖에 이 법 또는 다른 법령에 따라 위탁받은 업무
⑱ 그 밖에 건강보험과 관련하여 보건복지부장관이 필요하다고 인정한 업무

7 다음에서 공단의 정관에 포함될 사항은?

㉠ 목적	㉡ 임직원에 관한 사항
㉢ 사무소의 소재지	㉣ 이사장의 주민등록번호

① ㉠㉡
② ㉠㉡㉢
③ ㉡㉢㉣
④ ㉠㉡㉢㉣

TIP 공단의 정관 기재사항〈「국민건강보험법」 제17조 제1항〉
㉠ 목적
㉡ 명칭
㉢ 사무소의 소재지
㉣ 임직원에 관한 사항
㉤ 이사회의 운영
㉥ 재정운영위원회에 관한 사항
㉦ 보험료 및 보험급여에 관한 사항
㉧ 예산 및 결산에 관한 사항
㉨ 자산 및 회계에 관한 사항
㉩ 업무와 그 집행
㉪ 정관의 변경에 관한 사항
㉫ 공고에 관한 사항
※ 공단은 정관을 변경하려면 보건복지부장관의 인가를 받아야 한다.

ANSWER 7.②

8 다음 중 공단 상임이사의 임명권자는?

① 대통령

② 보건복지부장관

③ 기획재정부장관

④ 공단이사장

> **TIP** 공단 상임이사 … 상임이사는 보건복지부령으로 정하는 추천 절차를 거쳐 이사장이 임명한다〈「국민건강보험법」 제20조 제3항〉.

9 다음 중 시민단체의 추천이 없어도 되는 경우는?

① 심의위원회 위원

② 공단 임원 중 비상임 이사

③ 재정운영위원회 위원

④ 심사평가원 임원

> **TIP** ④ 심사평가원의 임원은 시민단체가 추천하는 경우가 없다.
>
> ※ 시민단체의 추천이 있어야 하는 경우
> ㉠ 심의위원회 위원〈「국민건강보험법」 제4조 제4항 제2호〉
> ㉡ 공단 임원 중 비상임이사〈「국민건강보험법」 제20조 제4항 제1호〉
> ㉢ 재정운영위원회 위원〈「국민건강보험법」 제34조 제2항 제2호〉

10 다음에서 임원의 해임사유로만 묶인 것은?

> ㉠ 직무상 의무를 위반한 경우
> ㉡ 신체장애나 정신장애로 직무를 수행할 수 없다고 인정되는 경우
> ㉢ 고의나 중대한 과실로 공단에 손실이 생기게 한 경우
> ㉣ 직무 여부와 관계없이 품위를 손상하는 행위를 한 경우

① ㉠㉡   ② ㉢㉣
③ ㉡㉢㉣   ④ ㉠㉡㉢㉣

TIP 임원의 해임 사유〈「국민건강보험법」 제24조 제2항〉
㉠ 신체장애나 정신장애로 직무를 수행할 수 없다고 인정되는 경우
㉡ 직무상 의무를 위반한 경우
㉢ 고의나 중대한 과실로 공단에 손실이 생기게 한 경우
㉣ 직무 여부와 관계없이 품위를 손상하는 행위를 한 경우
㉤ 이 법에 따른 보건복지부장관의 명령을 위반한 경우

11 다음 요양급여의 적합성을 평가하여 요양급여 여부를 다시 결정하고, 요양급여의 기준을 조정할 수 있는 자는 누구인가?

> 요양급여를 결정함에 있어 경제성 또는 치료효과성 등이 불확실하여 그 검증을 위하여 추가적인 근거가 필요하거나, 경제성이 낮아도 가입자와 피부양자의 건강회복에 잠재적 이득이 있는 등 대통령령으로 정하는 경우에는 예비적인 요양급여인 선별급여로 지정하여 실시할 수 있다.

① 보건복지부장관   ② 공단 이사장
③ 심사평가원장   ④ 시·도 지방자치단체장

TIP 위의 설명은 선별급여에 대한 내용이다〈「국민건강보험법」 제41조의4 제1항〉.
※ 보건복지부장관은 대통령령으로 정하는 절차와 방법에 선별급여에 대하여 주기적으로 요양급여의 적합성을 평가하여 요양급여 여부를 다시 결정하고, 요양급여의 기준을 조정하여야 한다〈「국민건강보험법」 제41조의4 제2항〉.

ANSWER 10.④ 11.①

12 다음 중 요양기관의 요양급여비용 청구에 대한 설명으로 옳지 않은 것은?

① 요양급여비용은 심사평가원에서 심사하고 공단에서 지급한다.
② 요양기관이 심사평가원에 요양급여비용 심사청구를 하면 공단에 요양급여비용 지급을 청구할 필요가 없다.
③ 가입자에게 지급하여야 하는 금액은 그 가입자가 내야 하는 보험료와 상계할 수 없다.
④ 요양기관은 요양급여비용의 심사청구를 의료기관 단체에 대행하게 할 수 있다.

> **TIP** ③ 공단은 가입자에게 지급하여야 하는 금액을 그 가입자가 내야 하는 보험료등과 상계(相計)할 수 있다〈「국민건강보험법」 제47조 제4항〉.
> ①「국민건강보험법」 제47조 제3항
> ②「국민건강보험법」 제47조 제1항
> ④「국민건강보험법」 제47조 제6항

13 다음 중 요양급여비용 지급보류에 대한 설명으로 옳은 것은?

① 심사평가원은 불법으로 청구한 요양급여비용의 지급결정을 보류하고 이를 공단에 통보하여야 한다.
② 불법으로 청구한 요양급여비용에 대한 법원의 확정 판결이 예상되는 경우 지급을 보류하여야 한다.
③ 공단은 요양급여비용의 지급을 보류하기 전에 해당 요양기관에 지급 보류에 관한 사실을 통지하여야 한다.
④ 공단은 법원의 무죄 판결이 확정된 경우 지급 보류된 기간 동안의 이자를 가산하여 해당 요양기관에 지급하여야 한다.

> **TIP** ① 요양급여비용의 지급의 보류는 공단이 할 수 있다〈「국민건강보험법」 제47조의2조 제1항〉.
> ② 공단은 요양급여비용의 지급을 청구한 요양기관이 법을 위반하였다는 사실을 수사기관의 수사 결과로 확인한 경우에는 해당 요양기관이 청구한 요양급여비용의 지급을 보류할 수 있다〈「국민건강보험법」 제47조의2조 제1항〉.
> ③ 공단은 요양급여비용의 지급을 보류하기 전에 해당 요양기관에 의견 제출의 기회를 주어야 한다〈「국민건강보험법」 제47조의2조 제2항〉.
> ④「국민건강보험법」 제47조의2조 제3항

14 다음 중 보험료에 대한 설명으로 옳지 않은 것은?

① 직장가입자의 보험료율은 1천분의 80의 범위에서 심의위원회의 의결을 거쳐 대통령령으로 정한다.

② 국외에 1개월 이상 체류하는 경우 보험료를 면제해 줄 수 있다.

③ 보험료를 신용카드 자동이체의 방법으로 납부하는 경우 보험료를 감액할 수 있다.

④ 지역가입자의 보험료는 세대주가 단독으로 납부한다.

TIP ④ 지역가입자의 보험료는 그 가입자가 속한 세대의 지역가입자 전원이 연대하여 납부한다. 다만, 소득 및 재산이 없는 미성년자와 소득 및 재산 등을 고려하여 대통령령으로 정하는 기준에 해당하는 미성년자는 납부의무를 부담하지 아니한다〈「국민건강보험법」 제77조 제2항〉.
① 「국민건강보험법」 제73조 제1항
② 「국민건강보험법」 제74조 제1항
③ 「국민건강보험법」 제75조 제2항

15 다음 중 보수월액보험료의 납부의무자는?

① 사용자

② 직장가입자

③ 세대주

④ 세대원

TIP 보수월액보험료의 납부의무자는 사용자이다. 이 경우 사업장의 사용자가 2명 이상인 때에는 그 사업장의 사용자는 해당 직장가입자의 보험료를 연대하여 납부한다〈「국민건강보험법」 제77조 제1항〉.

16 다음 중 보험료 납입고지에 기록할 사항이 아닌 것은?

① 보험료의 종류

② 전자우편 주소

③ 납부할 금액

④ 납부장소

> **TIP** 보험료등의 납입 고지 사항〈「국민건강보험법」 제79조 제1항〉
> ㉠ 징수하려는 보험료등의 종류
> ㉡ 납부해야 하는 금액
> ㉢ 납부기한 및 장소

17 다음의 경우 인적사항을 공개할 수 있다. 다음 설명 중 옳지 않은 것은?

> ㉠ 보험료를 납부기한의 다음 날부터 1년이 경과하도록 체납한 경우
> ㉡ 연체금과 체납처분비의 총액이 1천만원 이상인 체납자가 납부능력이 있음에도 불구하고 체납한 경우

① 체납자 인적사항등의 공개 여부는 보험료정보공개심의위원회에서 심의 한다.

② 공개대상자임을 통지한 후 통지일부터 6개월이 경과한 다음 공개대상자를 선정한다.

③ 인적사항등의 공개는 공단 인터넷 홈페이지에서만 게시할 수 있다.

④ 공개절차 및 위원회의 구성·운영 등에 필요한 사항은 대통령령으로 정한다.

> **TIP** 위의 설명은 고액·상습체납자의 인적사항 공개 대상을 설명한 것이다.
> ③ 체납자 인적사항등의 공개는 관보에 게재하거나 공단 인터넷 홈페이지에 게시하는 방법에 따른다〈「국민건강
> 보험법」 제83조 제4항〉.
> ① 「국민건강보험법」 제83조 제2항
> ② 〈「국민건강보험법」 제83조 제3항〉
> ④ 〈「국민건강보험법」 제83조 제5항〉

ANSWER 16.② 17.③

18 다음은 이의신청 및 심판청구에 대한 설명이다. 옳지 않은 것은?

① 요양급여비용 및 보험료등에 관한 이의신청은 공단에 하여야 한다.

② 이의신청은 처분이 있음을 안 날부터 90일 이내에 하여야 한다.

③ 요양기관이 심사평가원의 요양급여 대상 여부의 확인에 대하여 이의신청을 하려면 통보받은 날부터 30일 이내에 하여야 한다.

④ 이의신청 결정에 불복하는 자는 건강보험분쟁조정위원회에 심판청구를 할 수 있다.

> **TIP** ① 요양급여비용 및 요양급여의 적정성 평가 등에 관한 심사평가원의 처분에 이의가 있는 공단, 요양기관 또는 그 밖의 자는 심사평가원에 이의신청을 할 수 있다〈「국민건강보험법」 제87조 제2항〉.
> ② 「국민건강보험법」 제87조 제3항
> ③ 「국민건강보험법」 제87조 제4항
> ④ 「국민건강보험법」 제88조 제1항

19 다음에서 설명하고자 하는 것은?

> 모든 사업장의 근로자를 고용하는 사용자는 그가 고용한 근로자가 국민건강보험법에 따른 직장가입자가 되는 것을 방해하거나 자신이 부담하는 부담금이 증가되는 것을 피할 목적으로 정당한 사유 없이 근로자의 승급 또는 임금 인상을 하지 아니하거나 해고나 그 밖의 불리한 조치를 할 수 없다.

① 직장가입자의 자격 보호

② 근로자 고용 사업장의 금지행위

③ 근로자의 자격 변동 행위 금지

④ 근로자의 권익 보호

> **TIP** 근로자의 권익 보호 조치 … 모든 사업장의 근로자를 고용하는 사용자는 그가 고용한 근로자가 이 법에 따른 직장가입자가 되는 것을 방해하거나 자신이 부담하는 부담금이 증가되는 것을 피할 목적으로 정당한 사유 없이 근로자의 승급 또는 임금 인상을 하지 아니하거나 해고나 그 밖의 불리한 조치를 할 수 없다〈「국민건강보험법」 제93조〉.

ANSWER 18.① 19.④

20 다음 중 공단이 사용자나 세대주에게 신고하게 할 수 있는 사항이 아닌 것은?

① 세대주의 거주지 변경

② 직장가입자의 보수월액

③ 가입자의 부동산 내역

④ 가입자의 소득내역

> **TIP** 신고 및 제출요구〈「국민건강보험법」제94조 제1항〉… 공단은 사용자, 직장가입자 및 세대주에게 다음 사항을 신고하게 하거나 관계 서류를 제출하게 할 수 있다.
> ㉠ 가입자의 거주지 변경
> ㉡ 가입자의 보수·소득
> ㉢ 그 밖에 건강보험사업을 위하여 필요한 사항

21 다음 중 요양기관의 업무정지에 대한 설명으로 옳지 않은 것은?

① 업무정지는 보건복지부장관이 기간을 정하여 명할 수 있다.

② 속임수로 가입자에게 요양급여비용을 부담하게 한 경우에는 1년의 범위에서 업무정지를 명할 수 있다.

③ 업무정지 처분이 확정된 사실을 양수인이 알지 못하였음을 증명한 경우일지라도 업무정지 처분은 승계된다.

④ 업무정지에 따른 행정처분기준은 대통령령으로 정한다.

> **TIP** ③ 업무정지 처분의 효과는 그 처분이 확정된 요양기관을 양수한 자 또는 합병 후 존속하는 법인이나 합병으로 설립되는 법인에 승계되고, 업무정지 처분의 절차가 진행 중인 때에는 양수인 또는 합병 후 존속하는 법인이나 합병으로 설립되는 법인에 대하여 그 절차를 계속 진행할 수 있다. 다만, 양수인 또는 합병 후 존속하는 법인이나 합병으로 설립되는 법인이 그 처분 또는 위반사실을 알지 못하였음을 증명하는 경우에는 그러하지 아니하다〈「국민건강보험법」제98조 제3항〉.
> ① 「국민건강보험법」제98조 제1항
> ② 「국민건강보험법」제98조 제1항 제1호
> ④ 「국민건강보험법」제98조 제5항

22 다음 중 과징금에 대한 설명으로 옳지 않은 것은?

① 과징금은 보건복지부장관이 부과·징수한다.

② 과징금은 6개월 내의 범위에서 분할납부할 수 있다.

③ 과징금은 부당한 방법으로 부담하게 한 금액의 5배 이하로 부과한다.

④ 과징금을 납부기한까지 납부하지 않을 경우 국세 체납처분의 예에 따라 징수한다.

TIP ② 과징금은 12개월의 범위에서 분할납부하게 할 수 있다〈「국민건강보험법」 제99조〉.

23 다음 중 징수한 과징금은 어디에 사용할 수 있는가?

① 요양급여비용의 심사사업비 지원

② 건강증진 사업에 관한 자금

③ 요양급여의 적정성 평가사업에 대한 지원

④ 응급의료기금의 지원

TIP 과징금 사용 용도〈「국민건강보험법」 제99조 제8항〉
ㄱ 공단이 요양급여비용으로 지급하는 자금
ㄴ 응급의료기금의 지원
ㄷ 재난적의료비 지원사업에 대한 지원

ANSWER 22.② 23.④

24 다음 중 징수위탁보험료등의 징수 업무를 위탁할 수 없는 곳은?

① 체신관서

② 지방자치단체

③ 국민은행

④ 지역농협

TIP ② 공단은 그 업무의 일부를 국가기관, 지방자치단체 또는 다른 법령에 따른 사회보험 업무를 수행하는 법인이나 그 밖의 자에게 위탁할 수 있다. 다만, 보험료와 징수위탁보험료등의 징수 업무는 그러하지 아니하다〈「국민건강보험법」제112조 제2항〉.

25 다음에 해당하는 자의 벌칙은?

> 가입자 및 피부양자의 개인정보를 누설하거나 직무상 목적 외의 용도로 이용 또는 정당한 사유 없이 제3자에게 제공한 자

① 1년 이하의 징역

② 1천만원 이하의 벌금

③ 5년 이하의 징역

④ 3천만원 이하의 벌금

TIP 벌칙〈「국민건강보험법」제115조 제1항〉 … 가입자 및 피부양자의 개인정보를 누설하거나 직무상 목적 외의 용도로 이용 또는 정당한 사유 없이 제3자에게 제공한 자는 5년 이하의 징역 또는 5천만원 이하의 벌금에 처한다.

국민건강보험법

부록

− 기출 암기요약집 −

♣ 국민건강보험법 목적과 관장〈법 제1·2조〉

① 목적… 국민건강보험법은 국민의 질병·부상에 대한 예방·진단·치료·재활과 출산·사망 및 건강증진에 대하여 보험급여를 실시함으로써 국민보건 향상과 사회보장 증진에 이바지함을 목적으로 함

② 관장… 국민건강보험법에 따른 건강보험사업은 보건복지부장관이 맡아 주관

♣ 용어정의

① 근로자… 직업의 종류와 관계없이 근로의 대가로 보수를 받아 생활하는 사람(법인의 이사와 그 밖의 임원을 포함)으로서 공무원 및 교직원을 제외한 사람

② 사용자
　㉠ 근로자가 소속되어 있는 사업장의 사업주
　㉡ 공무원이 소속되어 있는 기관의 장으로서 대통령령으로 정하는 사람
　㉢ 교직원이 소속되어 있는 사립학교를 설립·운영하는 자

③ 사업장… 사업소나 사무소

④ 공무원… 공국가나 지방자치단체에서 상시 공무에 종사하는 사람

⑤ 교직원… 사립학교나 사립학교의 경영기관에서 근무하는 교원과 직원

♣ 국민건강보험종합계획의 수립〈제3조의2〉

① 수립 및 변경
　㉠ 종합계획 수립 : 보건복지부장관
　㉡ 건강보험의 건전한 운영을 위하여 건강보험정책심의위원회의 심의를 거쳐야 함
　㉢ 수립 주기 : 5년마다 수립 및 변경

② 종합계획에 포함 사항
　㉠ 건강보험정책의 기본목표 및 추진방향
　㉡ 건강보험 보장성 강화의 추진계획 및 추진방법
　㉢ 건강보험의 중장기 재정 전망 및 운영
　㉣ 보험료 부과체계에 관한 사항
　㉤ 요양급여비용에 관한 사항
　㉥ 건강증진 사업에 관한 사항
　㉦ 취약계층 지원에 관한 사항
　㉧ 건강보험에 관한 통계 및 정보의 관리에 관한 사항
　㉨ 그 밖에 건강보험의 개선을 위하여 필요한 사항으로 대통령령으로 정하는 사항

③ 보건복지부장관이 국회 소관 상임위원회에 보고하여야 할 경우
  ㉠ 종합계획의 수립 및 변경
  ㉡ 시행계획의 수립
  ㉢ 시행계획에 따른 추진실적의 평가

♣ 가입자〈법 제5조〉

① 가입자
  ㉠ 국내에 거주하는 국민
  ㉡ 유공자등 의료보호대상자 중 건강보험의 적용을 보험자에게 신청한 사람
  ㉢ 건강보험을 적용받고 있던 사람이 유공자등 의료보호대상자로 되었으나 건강보험의 적용배제신청을 보험자에게 하지 아니한 사람

  > ※ 가입자 제외 대상자
  >   ㉠ 의료급여를 받는 사람(수급권자)
  >   ㉡ 의료보호를 받는 사람(유공자등 의료보호대상자)

② 피부양자
  ㉠ 직장가입자의 배우자
  ㉡ 직장가입자의 직계존속(배우자의 직계존속을 포함한다)
  ㉢ 직장가입자의 직계비속(배우자의 직계비속을 포함한다)과 그 배우자
  ㉣ 직장가입자의 형제·자매

  > ※ 피부양자 자격의 인정 기준, 취득·상실시기 및 그 밖에 필요한 사항은 보건복지부령으로 정한다.

♣ 가입자의 종류〈법 제6조〉

① 직장가입자… 모든 사업장의 근로자 및 사용자와 공무원 및 교직원

  > ※ 직장가입자 제외 대상
  >   ㉠ 고용 기간이 1개월 미만인 일용근로자
  >   ㉡ 현역병(지원에 의하지 아니하고 임용된 하사를 포함한다), 전환복무된 사람 및 군간부후보생
  >   ㉢ 선거에 당선되어 취임하는 공무원으로서 매월 보수 또는 보수에 준하는 급료를 받지 아니하는 사람
  >   ㉣ 그 밖에 사업장의 특성, 고용 형태 및 사업의 종류 등을 고려하여 대통령령으로 정하는 사업장의 근로자 및 사용자와 공무원 및 교직원

② 지역가입자 … 직장가입자와 그 피부양자를 제외한 가입자

♣ 사업장의 신고⟨법 제7조⟩

① 신고기간 … 해당하게 되는 때부터 14일 이내

② 신고대상
　　㉠ 직장가입자가 되는 근로자 · 공무원 및 교직원을 사용하는 사업장(적용대상사업장)이 된 경우
　　㉡ 휴업 · 폐업 등 보건복지부령으로 정하는 사유가 발생한 경우

	건강보험 가입자의 자격취득시기 · 변동시기 · 상실시기의 비교		
구분	자격의 취득 시기⟨법 제8조⟩	자격의 변동 시기⟨법 제9조 제1항⟩	자격의 상실 시기⟨법 제10조⟩
시기	㉠ 국내에 거주하게 된 날 ㉡ 수급권자이었던 사람은 그 대상자에서 제외된 날 ㉢ 직장가입자의 피부양자이었던 사람은 그 자격을 잃은 날 ㉣ 유공자등 의료보호대상자이었던 사람은 그 대상자에서 제외된 날 ㉤ 보험자에게 건강보험의 적용을 신청한 유공자등 의료보호대상자는 그 신청한 날	㉠ 지역가입자가 적용대상사업장의 사용자로 되거나, 근로자 · 공무원 또는 교직원(근로자등)으로 사용된 날 ㉡ 직장가입자가 다른 적용대상사업장의 사용자로 되거나 근로자등으로 사용된 날 ㉢ 직장가입자인 근로자등이 그 사용관계가 끝난 날의 다음 날 ㉣ 적용대상사업장에 휴업 · 폐업 등 보건복지부령으로 정하는 사유가 발생한 날의 다음 날 ㉤ 지역가입자가 다른 세대로 전입한 날	㉠ 사망한 날의 다음 날 ㉡ 국적을 잃은 날의 다음 날 ㉢ 국내에 거주하지 아니하게 된 날의 다음 날 ㉣ 직장가입자의 피부양자가 된 날 ㉤ 수급권자가 된 날 ㉥ 건강보험을 적용받고 있던 사람이 유공자등 의료보호대상자가 되어 건강보험의 적용배제신청을 한 날
신고	직장가입자의 사용자 및 지역가입자의 세대주는 그 명세를 보건복지부령으로 정하는 바에 따라 자격을 취득한 날부터 14일 이내에 보험자에게 신고하여야 함		

※ 법무부장관 및 국방부장관은 직장가입자나 지역가입자가 군입대 또는 교도소등에 수용되는 경우 보건복지부령으로 정하는 바에 따라 그 사유에 해당된 날부터 1개월 이내에 보험자에게 알려야 함

※ 자격취득 등의 확인⟨법 제11조⟩
　　㉠ 가입자 자격의 취득 · 변동 및 상실의 시기로 소급하여 효력 발생
　　　(보험자는 그 사실을 확인할 수 있음)
　　㉡ 가입자나 가입자이었던 사람 또는 피부양자나 피부양자이었던 사람은 취득 · 변동 · 상실 시기의 확인을 청구할 수 있음

♣ 건강보험증〈법 제12조〉

① 발급 … 가입자 또는 피부양자가 공단에 신청하는 경우 발급

② 제출 … 요양급여를 받을 때 건강보험증을 요양기관에 제출

> ※ 천재지변이나 그 밖의 부득이한 사유가 있으면 건강보험증을 제출하지 않아도 됨

③ 건강보험증 대체 가능한 신분증명서
- ㉠ 주민등록증
- ㉡ 운전면허증
- ㉢ 여권
- ㉣ 요양기관이 본인 여부를 확인할 수 있는 신분증명서(보건복지부령으로 정함)

④ 증명서의 대여 및 양도금지
- ㉠ 가입자·피부양자는 자격을 잃은 후 자격을 증명하던 서류를 사용하여 보험급여를 받을 수 없음
- ㉡ 건강보험증이나 신분증명서를 다른 사람에게 양도(讓渡)하거나 대여할 수 없음

공단과 심사평가원의 업무 비교	
공단의 업무〈법 제14조 제1항〉	심사평가원의 업무〈법 제63조 제1항〉
㉠ 가입자 및 피부양자의 자격 관리 ㉡ 보험료와 그 밖에 이 법에 따른 징수금의 부과·징수 ㉢ 보험급여의 관리 ㉣ 가입자 및 피부양자의 질병의 조기발견·예방 및 건강관리를 위하여 요양급여 실시 현황과 건강검진 결과 등을 활용하여 실시하는 예방사업으로서 대통령령으로 정하는 사업 ㉤ 보험급여 비용의 지급 ㉥ 자산의 관리·운영 및 증식사업 ㉦ 의료시설의 운영 ㉧ 건강보험에 관한 교육훈련 및 홍보 ㉨ 건강보험에 관한 조사연구 및 국제협력 ㉩ 국민건강보험법에서 공단의 업무로 정하고 있는 사항 ㉪ 징수위탁근거법에 따라 위탁받은 업무 ㉫ 그 밖에 이 법 또는 다른 법령에 따라 위탁받은 업무 ㉬ 그 밖에 건강보험과 관련하여 보건복지부장관이 필요하다고 인정한 업무	㉠ 요양급여비용의 심사 ㉡ 요양급여의 적정성 평가 ㉢ 심사기준 및 평가기준의 개발 ㉣ ㉠~㉢의 규정에 따른 업무와 관련된 조사연구 및 국제협력 ㉤ 다른 법률에 따라 지급되는 급여비용의 심사 또는 의료의 적정성 평가에 관하여 위탁받은 업무 ㉥ 건강보험과 관련하여 보건복지부장관이 필요하다고 인정한 업무 ㉦ 그 밖에 보험급여 비용의 심사와 보험급여의 적정성 평가와 관련하여 대통령령으로 정하는 업무

부록 기출 암기요약집

※ 징수위탁근거법 ··· 국민연금법, 고용보험 및 산업재해보상보험의 보험료징수 등에 관한 법률, 임금채권보장법, 석면피해구제법을 말함

※ 공단의 업무 중 자산의 관리·운영 및 증식사업 진행 방법〈법 제14조 제2항〉
- ㉠ 체신관서 또는 은행에의 예입 또는 신탁
- ㉡ 국가·지방자치단체 또는 은행이 직접 발행하거나 채무이행을 보증하는 유가증권의 매입
- ㉢ 특별법에 따라 설립된 법인이 발행하는 유가증권의 매입
- ㉣ 신탁업자가 발행하거나 같은 법에 따른 집합투자업자가 발행하는 수익증권의 매입
- ㉤ 공단의 업무에 사용되는 부동산의 취득 및 일부 임대
- ㉥ 그 밖에 공단 자산의 증식을 위하여 대통령령으로 정하는 사업

♣ 공단과 심사평가원의 비교

구분	공단〈법 제15조〉	심사평가원〈법 제62조〉
설립	㉠ **건강보험의 보험자** : 국민건강보험공단 ㉡ **구성** : 법인 ㉢ **주된 사무소의 소재지** : 설립등기를 함으로써 성립(정관으로 정함)	㉠ **설립목적** : 요양급여비용 심사 및 요양급여의 적정성 평가 ㉡ **구성** : 법인 ㉢ **주된 사무소의 소재지** : 설립등기를 함으로써 성립
임원구성	제20조(임원) ㉠ 임원 • 이사장 1명 • 이사 14명 • 감사 1명 ※ 이사장, 이사 중 5명 및 감사는 상임으로 한다. ㉡ 이사장 : 임원추천위원회가 복수로 추천한 사람 중에서 보건복지부장관의 제청으로 대통령이 임명 ㉢ 상임이사 : 보건복지부령으로 정하는 추천 절차를 거쳐 이사장이 임명 ㉣ 비상임이사 : 다음의 사람을 보건복지부장관이 임명 • 노동조합·사용자단체·시민단체·소비자단체·농어업인단체 및 노인단체가 추천하는 각 1명 • 대통령령으로 정하는 바에 따라 추천하는 관계 공무원 3명 ㉤ 감사 : 임원추천위원회가 복수로 추천한 사람 중에서 기획재정부장관의 제청으로 대통령이 임명 ㉥ 임기 • 이사장의 임기는 3년 • 이사(공무원인 이사는 제외)와 감사의 임기는 각각 2년	제65조(임원) ㉠ 임원 • 원장 1명 • 이사 15명 • 감사 1명 ※ 원장, 이사 중 4명 및 감사는 상임으로 한다. ㉡ 원장 : 임원추천위원회가 복수로 추천한 사람 중에서 보건복지부장관의 제청으로 대통령이 임명 ㉢ 상임이사 : 보건복지부령으로 정하는 추천 절차를 거쳐 원장이 임명 ㉣ 비상임이사 : 다음의 사람 중에서 10명과 대통령령으로 정하는 바에 따라 추천한 관계 공무원 1명을 보건복지부장관이 임명 • 공단이 추천하는 1명 • 의약관계단체가 추천하는 5명 • 노동조합·사용자단체·소비자단체 및 농어업인단체가 추천하는 각 1명 ㉤ 감사 : 임원추천위원회가 복수로 추천한 사람 중에서 기획재정부장관의 제청으로 대통령이 임명 ㉥ 임기 • 원장의 임기는 3년 • 이사(공무원인 이사는 제외)와 감사의 임기는 각각 2년

♣ 공단의 정관〈법 제17조〉

① 정관 기재사항
- ㉠ 목적
- ㉡ 명칭
- ㉢ 사무소의 소재지
- ㉣ 임직원에 관한 사항
- ㉤ 이사회의 운영
- ㉥ 재정운영위원회에 관한 사항
- ㉦ 보험료 및 보험급여에 관한 사항
- ㉧ 예산 및 결산에 관한 사항
- ㉨ 자산 및 회계에 관한 사항
- ㉩ 업무와 그 집행
- ㉪ 정관의 변경에 관한 사항
- ㉫ 공고에 관한 사항

② 정관 변경 … 보건복지부장관의 인가를 받아야 함

♣ 공단의 설립등기 기재사항〈법 제18조〉
- ㉠ 목적
- ㉡ 명칭
- ㉢ 주된 사무소 및 분사무소의 소재지
- ㉣ 이사장의 성명·주소
- ㉤ 이사장의 주민등록번호

♣ 임원의 당연퇴임 및 해임〈법 제24조〉

① 공단 임원의 당연퇴임 사유
- ㉠ 대한민국 국민이 아닌 사람
- ㉡ 공무원의 결격사유에 해당하는 사람

② 공단 임원의 해임 사유
- ㉠ 신체장애나 정신장애로 직무를 수행할 수 없다고 인정되는 경우
- ㉡ 직무상 의무를 위반한 경우
- ㉢ 고의나 중대한 과실로 공단에 손실이 생기게 한 경우
- ㉣ 직무 여부와 관계없이 품위를 손상하는 행위를 한 경우
- ㉤ 이 법에 따른 보건복지부장관의 명령을 위반한 경우

부록 기출 암기요약집

♣ 보험료〈법 제69조〉

① 징수
  ㉠ 가입자의 자격을 취득한 날이 속하는 달의 다음 달부터 가입자의 자격을 잃은 날의 전날이 속하는 달까지 징수
  ㉡ 가입자의 자격을 매월 1일에 취득한 경우 또는 건강보험 적용 신청으로 가입자의 자격을 취득하는 경우에는 그 달부터 징수

② 징수기준
  ㉠ 보험료를 징수할 때 가입자의 자격이 변동된 경우에는 변동된 날이 속하는 달의 보험료는 변동되기 전의 자격을 기준으로 징수
  ㉡ 가입자의 자격이 매월 1일에 변동된 경우에는 변동된 자격을 기준으로 징수

③ 직장가입자의 월별 보험료액 산정
  ㉠ 보수월액보험료 : 보수월액 × 보험료율
  ㉡ 소득월액보험료 : 소득월액 × 보험료율

④ 지역가입자의 월별 보험료액
  ㉠ 세대 단위로 산정
  ㉡ 지역가입자가 속한 세대의 월별 보험료액 : 보험료부과점수 × 보험료부과점수당 금액

♣ 보험료율 등〈법 제73조〉

  ㉠ 직장가입자의 보험료율 : 1천분의 80의 범위에서 심의위원회의 의결을 거쳐 대통령령으로 정함
  ㉡ 국외에서 업무에 종사하고 있는 직장가입자에 대한 보험료율 : ㉠에서 정해진 보험료율의 100분의 50으로 한다.

♣ 보험료의 면제 대상〈법 제74조〉

① 직장가입자의 보험료 면제
  ㉠ 국외에 체류하는 경우
   • 1개월 이상 국외에 체류하는 경우에 한정
   • 국내에 거주하는 피부양자가 없을 때에만 보험료 면제
  ㉡ 현역병(임용하사 포함), 전환복무된 사람 및 군간부후보생이 된 경우
  ㉢ 교도소, 그 밖에 이에 준하는 시설에 수용되어 있는 경우

② 지역가입자의 보험료 산정시 보험료부과점수 제외
  ㉠ 국외에 체류하는 경우
  ㉡ 현역병(임용하사 포함), 전환복무된 사람 및 군간부후보생이 된 경우
  ㉢ 교도소, 그 밖에 이에 준하는 시설에 수용되어 있는 경우

③ 적용기간과 보험료 면제 및 보험료의 산정에서 제외되는 보험료부과점수 예외
   ㉠ 적용기간 : 급여정지 사유가 생긴 날이 속하는 달의 다음 달부터 사유가 없어진 날이 속하는 달까지 적용
   ㉡ 보험료 면제 및 보험료부과점수 제외 적용예외
     • 급여정지 사유가 매월 1일에 없어진 경우
     • 국외에 체류하였던 가입자 또는 그 피부양자가 국내에 입국하여 입국일이 속하는 달에 보험급여를 받고 그 달에 출국하는 경우

♣ 보험료의 경감 및 감액〈법 제75조〉

① 보험료 경감 대상자
   ㉠ 섬 · 벽지(僻地) · 농어촌 등 대통령령으로 정하는 지역에 거주하는 사람
   ㉡ 65세 이상인 사람
   ㉢ 장애인
   ㉣ 국가유공자
   ㉤ 휴직자
   ㉥ 그 밖에 생활이 어렵거나 천재지변 등의 사유로 보험료를 경감할 필요가 있다고 보건복지부장관이 정하여 고시하는 사람

② 보험료를 감액 대상 가능자
   ㉠ 보험료의 납입 고지를 전자문서로 받는 경우
   ㉡ 보험료를 계좌 또는 신용카드 자동이체의 방법으로 내는 경우

♣ 보험료의 부담〈법 제76조〉

① 직장가입자의 부담비율
   ㉠ 근로자인 경우
     • 근로자 : 50%
     • 근로자가 소속되어 있는 사업장의 사업주 : 50%
   ㉡ 공무원인 경우
     • 공무원 50%
     • 공무원이 소속되어 있는 국가 또는 지방자치단체 : 50%
   ㉢ 교직원(사립학교 근무하는 교원 제외)인 경우
     • 교직원 : 50%
     • 교직원이 소속되어 있는 사립학교 설립 · 운영하는 사용자 : 50%
   ㉣ 사립학교에 근무하는 교원인 경우
     • 교원 : 50%
     • 사립학교를 설립 · 운영하는 사용자 : 30%
     • 국가 : 20%

② 보험료의 부담
　　㉠ 직장가입자 소득월액보험료 : 직장가입자가 부담
　　㉡ 지역가입자의 보험료 : 가입자가 속한 세대의 지역가입자 전원이 연대하여 부담

♣ 보험료 납부의무〈법 제77조〉

① 직장가입자의 보험료
　　㉠ 보수월액보험료 : 사용자
　　㉡ 소득월액보험료 : 직장가입자

② 지역가입자
　　㉠ 가입자가 속한 세대의 지역가입자 전원이 연대하여 납부
　　㉡ 소득 및 재산이 없는 미성년자와 소득 및 재산 등을 고려하여 대통령령으로 정하는 기준에 해당하는 미성년자는 납부의무
　　　를 면제

♣ 보험료의 납부기한〈법 제78조〉
　　㉠ 그 달의 보험료를 그 다음 달 10일까지 납부
　　㉡ 납입 고지의 송달 지연 등 보건복지부령으로 정하는 사유가 있는 경우 납부의무자의 신청에 따라 납부기한부터 1개월의 범위에
　　　서 납부기한 연장 가능

♣ 보험료등의 납입 고지〈법 제79조〉

① 납입 고지 기재 사항
　　㉠ 징수하려는 보험료등의 종류
　　㉡ 납부해야 하는 금액
　　㉢ 납부기한 및 장소

② 전자문서
　　㉠ 납부의무자의 신청이 있으면 전자문서로 고지 가능
　　㉡ 전자문서가 보건복지부령으로 정하는 정보통신망에 저장되거나 납부의무자가 지정한 전자우편주소에 입력된 때에 납입 고
　　　지가 그 납부의무자에게 도달된 것으로 봄

♣ 고액·상습체납자의 인적사항 공개〈법 제83조〉

① 공개기준
　　㉠ 납부기한의 다음 날부터 1년이 경과한 보험료 체납자
　　㉡ 연체금과 체납처분비의 총액이 1천만원 이상인 체납자가 납부능력이 있음에도 불구하고 체납한 경우

② 공개할 수 없는 경우
　㉠ 체납된 보험료, 연체금과 체납처분비와 관련하여 이의신청, 심판청구가 제기되거나 행정소송이 계류 중인 경우
　㉡ 체납된 금액의 일부 납부 등 대통령령으로 정하는 사유가 있는 경우

③ 공개순서
　㉠ 보험료정보공개심의위원회의 심의
　㉡ 공개대상자임에게 서면 통지
　㉢ 소명 기회 부여
　㉣ 통지일부터 6개월 경과 후 공개대상자 선정

④ 공개방법
　㉠ 관보 게재
　㉡ 공단 인터넷 홈페이지에 게시

♣ 결손처분〈법 제84조〉

① 결손처분 … 보험료등을 결손처분할 경우 재정운영위원회의 의결을 받아야 함

② 결손처분 사유
　㉠ 체납처분이 끝나고 체납액에 충당될 배분금액이 그 체납액에 미치지 못하는 경우
　㉡ 해당 권리에 대한 소멸시효가 완성된 경우

③ 결손처분의 취소 … 결손처분 후 압류할 수 있는 다른 재산이 있는 것을 발견한 때에는 처분을 취소하고 체납처분을 하여야 함

♣ 보험료등의 징수 순위〈법 제85조〉

　㉠ 국세와 지방세를 제외한 다른 채권에 우선하여 징수
　㉡ 보험료등의 납부기한 전에 전세권·질권·저당권 또는 담보권의 설정을 등기 또는 등록한 경우에는 우선순위에서 예외로 함

♣ 이의신청 및 심판청구

① 이의신청〈법 제87조〉
　㉠ 공단에 이의신청 : 가입자 및 피부양자의 자격, 보험료등, 보험급여, 보험급여 비용에 관한 공단의 처분에 이의가 있는 자는 공단에 이의신청
　㉡ 심사평가원에 이의신청 : 요양급여비용 및 요양급여의 적정성 평가 등에 관한 심사평가원의 처분에 이의가 있는 공단, 요양기관 또는 그 밖의 자는 심사평가원에 이의신청
　㉢ 이의신청 기간
　　• 처분이 있음을 안 날부터 90일 이내에 문서로 하여야 함
　　• 처분이 있은 날부터 180일을 지나면 이의신청 제기하지 못함
　　• 정당한 사유로 그 기간에 이의신청을 할 수 없었음을 소명한 경우에는 이의신청 가능
　　※ 심사평가원에 요양급여 대상 여부의 확인 등에 대하여 이의신청을 하려면 통보받은 날부터 30일 이내에 하여야 함

② **심판청구**〈법 제88조〉
  ㉠ **청구** : 이의신청에 대한 결정에 불복하는 자는 건강보험분쟁조정위원회에 심판청구
  ㉡ **청구서 제출** : 심판청구를 하려는 자는 심판청구서를 이의신청 처분을 한 공단 또는 심사평가원에 제출하거나 건강보험분쟁 조정위원회에 제출

♣ **소멸시효가 완성되는 권리**〈법 제91조〉

① 3년 동안 행사하지 않으면 소멸시효가 완성되는 권리
  ㉠ 보험료, 연체금 및 가산금을 징수할 권리
  ㉡ 보험료, 연체금 및 가산금으로 과오납부한 금액을 환급받을 권리
  ㉢ 보험급여를 받을 권리
  ㉣ 보험급여 비용을 받을 권리
  ㉤ 과다납부된 본인일부부담금을 돌려받을 권리
  ㉥ 근로복지공단의 권리

② 소멸시효의 중단 사유
  ㉠ 보험료의 고지 또는 독촉
  ㉡ 보험급여 또는 보험급여 비용의 청구
  ※ 휴직자등의 보수월액보험료를 징수할 권리의 소멸시효는 고지가 유예된 경우 휴직 등의 사유가 끝날 때까지 진행하지 아니함

♣ **신고 등**〈법 제94조〉

① 공단이 신고하게 할 수 있는 대상
  ㉠ 사용자
  ㉡ 직장가입자
  ㉢ 세대주

② 신고하게 할 수 있는 내용
  ㉠ 가입자의 거주지 변경
  ㉡ 가입자의 보수 · 소득
  ㉢ 그 밖에 건강보험사업을 위하여 필요한 사항

♣ 서류의 보존⟨법 제96조의4⟩

① 요양기관
　㉠ 5년간 보존 : 요양급여비용의 청구에 관한 서류
　㉡ 3년간 보존 : 약국 등의 처방전

② 사용자 및 준요양기관
　㉠ 사용자 : 자격 관리 및 보험료 산정 등 건강보험에 관한 서류 3년간 보존
　㉡ 준요양기관 : 요양비 청구에 관한 서류 3년간 보존
　㉢ 보조기기에 대한 보험급여를 청구한 자 : 보험급여 청구에 관한 서류 3년간 보존

♣ 업무의 정지⟨법 제98조⟩

① 1년의 범위에서 기간을 정하여 업무정지
　㉠ 속임수나 그 밖의 부당한 방법으로 보험자 · 가입자 및 피부양자에게 요양급여비용을 부담하게 한 경우
　㉡ 명령에 위반하거나 거짓 보고를 하거나 거짓 서류를 제출하거나, 소속 공무원의 검사 또는 질문을 거부 · 방해 또는 기피한 경우
　㉢ 정당한 사유 없이 요양기관이 행위 · 치료재료 및 약제에 대한 요양급여대상 여부의 결정을 신청하지 아니하고 속임수나 그 밖의 부당한 방법으로 행위 · 치료재료를 가입자 또는 피부양자에게 실시 또는 사용하고 비용을 부담시킨 경우

② 양수인에 승계
　㉠ 업무정지 처분이 확정된 요양기관을 양수한 자 또는 법인에 승계됨
　㉡ 업무정지 처분 또는 위반사실을 알지 못하였음을 증명하는 경우 승계되지 않음

③ 양수인에 통보 … 업무정지 처분을 받았거나 절차가 진행 중인 자는 그 사실을 양수인 또는 합병 후 존속하는 법인이나 합병으로 설립되는 법인에 지체 없이 알려야 함

♣ 위반사실의 공표⟨법 제100조⟩

① 공표대상 … 관련 서류의 위조 · 변조로 요양급여비용을 거짓으로 청구하여 행정처분을 받은 다음의 요양기관
　㉠ 거짓으로 청구한 금액이 1천 500만원 이상인 경우
　㉡ 요양급여비용 총액 중 거짓으로 청구한 금액의 비율이 100분의 20 이상인 경우

② 공표내용
　㉠ 위반 행위
　㉡ 처분 내용
　㉢ 해당 요양기관의 명칭 · 주소 및 대표자 성명
　㉣ 다른 요양기관과의 구별에 필요한 사항으로서 대통령령으로 정하는 사항
　※ 공표 여부를 결정할 때에는 그 위반행위의 동기, 정도, 횟수 및 결과 등을 고려하여야 함

③ 공표심의위원회 설치 · 운영
  ㉠ 설치자 : 보건복지부장관
  ㉡ 업무 : 공표 여부 등을 심의
  ㉢ 공표대상자 : 소명자료를 제출하거나 출석하여 의견을 진술할 기회 부여

  ※ **공표대상자 재심의** … 제출된 소명자료 또는 진술된 의견을 고려하여 공표대상자를 재심의한 후 공표대상자를 선정

♣ 제조업자 등의 금지행위 등〈법 제101조〉

① 제조업자등의 금지행위
  ㉠ 속임수나 그 밖의 부당한 방법으로 보험자 · 가입자 및 피부양자에게 요양급여비용을 부담하게 한 요양기관의 행위에 개입
  ㉡ 보건복지부, 공단 또는 심사평가원에 거짓 자료의 제출
  ㉢ 속임수나 보건복지부령으로 정하는 부당한 방법으로 요양급여대상 여부의 결정과 요양급여비용의 산정에 영향을 미치는 행위

  ※ **제조업자등** … 의약품의 제조업자 · 위탁제조판매업자 · 수입자 · 판매업자 및 의료기기 제조업자 · 수입업자 · 수리업자 · 판매업자 · 임대업자

② 손실 상당액 징수
  ㉠ 보건복지부장관 : 제조업자등이 위반한 사실이 있는지 여부를 확인하기 위하여 관련 서류의 제출 명령 및 조사
  ㉡ 공단 : 조사 후 보험자 · 가입자 및 피부양자에게 손실을 주는 행위를 한 제조업자등에 손실 상당액 징수
  ㉢ 반환 지급 : 징수한 손실 상당액 중 가입자 및 피부양자의 손실에 해당되는 금액을 반환 지급

  ※ **보험료등과 상계** … 공단은 가입자나 피부양자에게 지급하여야 하는 금액을 그 가입자 및 피부양자가 내야하는 보험료등과 상계할 수 있음

♣ 공단 업무의 위탁〈법 제112조〉

① 체신관서, 금융기관 또는 그 밖의 자에게 위탁
  ㉠ 보험료의 수납 또는 보험료납부의 확인에 관한 업무
  ㉡ 보험급여비용의 지급에 관한 업무
  ㉢ 징수위탁보험료등의 수납 또는 그 납부의 확인에 관한 업무

  ※ **징수위탁보험료등** … 징수위탁근거법의 위탁에 따라 징수하는 연금보험료, 고용보험료, 산업재해보상보험료, 부담금 및 분담금 등을 말함

② 국가기관, 지방자치단체 또는 사회보험 업무를 수행하는 법인이나 그 밖의 자에게 위탁

  ※ **국가기관 등에 위탁금지** … 보험료와 징수위탁보험료등의 징수 업무는 위탁할 수 없음

♣ 벌칙과 과태료

① 벌칙〈법 제115조〉

 ㉠ 5년 이하의 징역 또는 5천만원 이하의 벌금 : 가입자 및 피부양자의 개인정보를 누설하거나 직무상 목적 외의 용도로 이용 또는 정당한 사유 없이 제3자에게 제공한 자

 ㉡ 3년 이하의 징역 또는 3천만원 이하의 벌금
 • 대행청구단체의 종사자로서 거짓이나 그 밖의 부정한 방법으로 요양급여비용을 청구한 자
 • 업무를 수행하면서 알게 된 정보를 누설하거나 직무상 목적 외의 용도로 이용 또는 제3자에게 제공한 자

 ㉢ 3년 이하의 징역 또는 1천만원 이하의 벌금 : 공동이용하는 전산정보자료를 목적 외의 용도로 이용하거나 활용한 자

 ㉣ 2년 이하의 징역 또는 2천만원 이하의 벌금 : 거짓이나 그 밖의 부정한 방법으로 보험급여를 받거나 타인으로 하여금 보험급여를 받게 한 사람

 ㉤ 1년 이하의 징역 또는 1천만원 이하의 벌금
 • 선별급여를 제공한 요양기관의 개설자
 • 대행청구단체가 아닌 자로 하여금 대행하게 한 자
 • 근로자의 권익 보호조치를 위반한 사용자
 • 업무정지기간 중 요양기관을 개설한 자

 ㉥ 1천만원 이하의 벌금〈법 제116조〉
 • 보고 또는 서류 제출을 하지 아니한 자
 • 거짓으로 보고하거나 거짓 서류를 제출한 자
 • 검사나 질문을 거부 · 방해 또는 기피한 자

 ㉦ 500만원 이하의 벌금〈법 제117조〉
 • 정당한 이유 없이 요양급여를 거부한 요양기관
 • 요양비 명세서나 요양 명세를 적은 영수증을 내주지 아니한 자

♣ 벌칙금 양벌 규정〈법 제118조〉

 ㉠ 법 행위자를 벌하는 동시에 그 법인 또는 개인에게도 해당 조문의 벌금형을 과(科)함
 ㉡ 법인 또는 개인이 그 위반행위를 방지하기 위하여 해당 업무에 관하여 상당한 주의와 감독을 게을리하지 아니한 경우에는 벌금형을 과(科)하지 않음

② 과태료〈법 제119조〉

 ㉠ 500만원 이하의 과태료
 • 신고를 하지 아니하거나 거짓으로 신고한 사용자
 • 정당한 사유 없이 제94조제1항을 위반하여 신고 · 서류제출을 하지 아니하거나 거짓으로 신고 · 서류제출을 한 자
 • 정당한 사유 없이 제97조제1항, 제3항, 제4항, 제5항을 위반하여 보고 · 서류제출을 하지 아니하거나 거짓으로 보고 · 서류제출을 한 자
 • 제98조제4항을 위반하여 행정처분을 받은 사실 또는 행정처분절차가 진행 중인 사실을 지체 없이 알리지 아니한 자
 • 정당한 사유 없이 제101조제2항을 위반하여 서류를 제출하지 아니하거나 거짓으로 제출한 자

ⓛ 100만원 이하의 과태료

- 제96조의4을 위반하여 서류를 보존하지 아니한 자
- 제103조에 따른 명령을 위반한 자
- 제105조를 위반한 자

※ **과태료부과 · 징수** … 대통령령으로 정하는 바에 따라 보건복지부장관이 부과 · 징수

주요 위원회 비교	
심의위원회〈법 제4조〉	
소속	보건복지부장관
심의 · 의결	㉠ 종합계획 및 시행계획에 관한 사항(심의에 한정) ⓛ 요양급여의 기준 ㉢ 요양급여비용에 관한 사항 ㉣ 직장가입자의 보험료율 ㉤ 지역가입자의 보험료부과점수당 금액 ㉥ 그 밖에 건강보험에 관한 주요 사항으로서 대통령령으로 정하는 사항
위원구성	㉠ 위원장 1명과 부위원장 1명을 포함하여 25명의 위원 ⓛ 심의위원회의 위원장은 보건복지부차관이 되고, 부위원장은 위원 중에서 위원장이 지명
위원위촉	위원은 다음에 해당하는 사람을 보건복지부장관이 임명 또는 위촉 ㉠ 근로자단체 및 사용자단체가 추천하는 각 2명 ⓛ 시민단체(비영리민간단체), 소비자단체, 농어업인단체 및 자영업자단체가 추천하는 각 1명 ㉢ 의료계를 대표하는 단체 및 약업계를 대표하는 단체가 추천하는 8명 ㉣ 다음에 해당하는 8명 • 대통령령으로 정하는 중앙행정기관 소속 공무원 2명 • 국민건강보험공단의 이사장 및 건강보험심사평가원의 원장이 추천하는 각 1명 • 건강보험에 관한 학식과 경험이 풍부한 4명
임기	㉠ 위원의 임기 : 3년 ⓛ 위원의 사임 등으로 새로 위촉된 위원의 임기는 전임위원 임기의 남은 기간으로 함
필요사항	운영 등에 필요한 사항은 대통령령으로 정함

재정운영위원회〈법 제33조, 34조〉	
소속	공단
심의·의결	요양급여비용의 계약 및 결손처분 등 보험재정에 관련된 사항
위원구성	㉠ 재정운영위원회의 위원장은 위원 중에서 호선(互選) ㉡ 재정운영위원회는 다음 각 호의 위원으로 구성 • 직장가입자를 대표하는 위원 10명 • 지역가입자를 대표하는 위원 10명 • 공익을 대표하는 위원 10명
위원위촉	위원은 다음의 사람을 보건복지부장관이 임명하거나 위촉 ㉠ 직장가입자를 대표하는 위원 10명 : 노동조합과 사용자단체에서 추천하는 각 5명 ㉡ 지역가입자를 대표하는 위원 10명 : 대통령령으로 정하는 바에 따라 농어업인 단체·도시자영업자단체 및 시민단체에서 추천하는 사람 ㉢ 공익을 대표하는 위원 10명 : 대통령령으로 정하는 관계 공무원 및 건강보험에 관한 학식과 경험이 풍부한 사람
임기	㉠ 위원(공무원인 위원은 제외)의 임기 : 2년 ㉡ 위원의 사임 등으로 새로 위촉된 위원의 임기는 전임위원 임기의 남은 기간으로 함
필요사항	재운영 등에 필요한 사항은 대통령령으로 정함

심사위원회〈법 제66조〉	
소속	심사평가원
심의·의결	심사평가원의 업무를 효율적으로 수행하기 위함
위원구성	㉠ 위원장을 포함하여 90명 이내의 상근 심사위원과 1천명 이내의 비상근 심사위원으로 구성 ㉡ 진료과목별 분과위원회를 둘 수 있음 ㉢ 상근 심사위원은 심사평가원의 원장이 보건복지부령으로 정하는 사람 중에서 임명 ㉣ 비상근 심사위원은 심사평가원의 원장이 보건복지부령으로 정하는 사람 중에서 위촉
위원해촉	㉠ 신체장애나 정신장애로 직무를 수행할 수 없다고 인정되는 경우 ㉡ 직무상 의무를 위반하거나 직무를 게을리한 경우 ㉢ 고의나 중대한 과실로 심사평가원에 손실이 생기게 한 경우 ㉣ 직무 여부와 관계없이 품위를 손상하는 행위를 한 경우 ※ 심사평가원의 원장이 심사위원을 해임 또는 해촉할 수 있음
임기	
필요사항	위원의 자격·임기 및 심사위원회의 구성·운영 등에 필요한 사항은 보건복지부령으로 정함

제도개선위원회〈법 제72조의2〉	
소속	보건복지부장관
심의 · 의결	㉠ 가입자의 소득 파악 실태에 관한 조사 및 연구에 관한 사항 ㉡ 가입자의 소득 파악 및 소득에 대한 보험료 부과 강화를 위한 개선 방안에 관한 사항 ㉢ 그 밖에 보험료부과와 관련된 제도 개선 사항으로서 위원장이 회의에 부치는 사항
위원구성	㉠ 보험료부과와 관련된 제도 개선을 위하여 관계 중앙행정기관 소속 공무원 ㉡ 민간전문가
필요사항	구성 · 운영 등에 관하여 필요한 사항은 대통령령으로 정함

분쟁조정위원회〈법 제89조〉	
소속	보건복지부
심의 · 의결	심판청구를 심리 · 의결
위원구성	㉠ 위원장을 포함하여 60명 이내의 위원으로 구성 ㉡ 위원장을 제외한 위원 중 1명은 당연직위원으로 함 　(이 경우 공무원이 아닌 위원이 전체 위원의 과반수가 되도록 하여야 함)
회의	㉠ 회의 : 위원장, 당연직위원 및 위원장이 매 회의마다 지정하는 7명의 위원을 포함하여 총 9명으로 구성 ㉡ 공무원이 아닌 위원이 과반수가 되도록 구성
의결	㉠ 의결 : 구성원 과반수의 출석과 출석위원 과반수의 찬성으로 의결 ㉡ 사무국 운영 : 실무적으로 지원하기 위하여 분쟁조정위원회에 사무국을 둠
필요사항	분쟁조정위원회 및 사무국의 구성 및 운영 등에 필요한 사항은 대통령령으로 정함

Study
Note

날 짜 :	년 월 일	회 독 : ○○○○○
문제번호 :	페이지 : p	키워드 :

틀린이유 :

문제	내가 적은 오답
	정답

풀이

날 짜 :	년 월 일	회 독 : ○○○○○
문제번호 :	페이지 : p	키워드 :

틀린이유 :

문제	내가 적은 오답
	정답

풀이

날 짜:	년 월 일	회 독 : ○○○○○
문제번호 :	페이지 : p	키워드 :

틀린이유 :

문제	내가 적은 오답
	정답

풀이

날 짜:	년 월 일	회 독 : ○○○○○
문제번호 :	페이지 : p	키워드 :

틀린이유 :

문제	내가 적은 오답
	정답

풀이

날 짜 : 년 월 일	회 독 : ○○○○○
문제번호 : 페이지 : p	키워드 :

틀린이유 :

문제	내가 적은 오답
	정답

풀이

날 짜 : 년 월 일	회 독 : ○○○○○
문제번호 : 페이지 : p	키워드 :

틀린이유 :

문제	내가 적은 오답
	정답

풀이

날　짜:	년　　월　　일	회　독 : ○○○○○
문제번호 :	페이지 :　　p	키워드 :

틀린이유 :

문제	내가 적은 오답
	정답

풀이

날　짜:	년　　월　　일	회　독 : ○○○○○
문제번호 :	페이지 :　　p	키워드 :

틀린이유 :

문제	내가 적은 오답
	정답

풀이

날 짜 :	년 월 일	회 독 : ○○○○○
문제번호 :	페이지 : p	키워드 :

틀린이유 :

문제	내가 적은 오답
	정답

풀이

날 짜 :	년 월 일	회 독 : ○○○○○
문제번호 :	페이지 : p	키워드 :

틀린이유 :

문제	내가 적은 오답
	정답

풀이

날 짜:	년 월 일	회 독: ○○○○○
문제번호:	페이지: p	키워드:

틀린이유 :

문제	내가 적은 오답
	정답

풀이

날 짜:	년 월 일	회 독: ○○○○○
문제번호:	페이지: p	키워드:

틀린이유 :

문제	내가 적은 오답
	정답

풀이

날 짜:	년 월 일	회 독 : ○○○○○
문제번호 :	페이지 : p	키워드 :

틀린이유 :

문제	내가 적은 오답
	정답

풀이

날 짜:	년 월 일	회 독 : ○○○○○
문제번호 :	페이지 : p	키워드 :

틀린이유 :

문제	내가 적은 오답
	정답

풀이

날 짜:	년 월 일	회 독: ○○○○○
문제번호:	페이지: p	키워드:

틀린이유 :

문제	내가 적은 오답
	정답

풀이

날 짜:	년 월 일	회 독: ○○○○○
문제번호:	페이지: p	키워드:

틀린이유 :

문제	내가 적은 오답
	정답

풀이

날 짜:	년 월 일	회 독: ○○○○○
문제번호 :	페이지 : p	키워드 :

틀린이유 :

문제	내가 적은 오답
	정답

풀이

날 짜:	년 월 일	회 독: ○○○○○
문제번호 :	페이지 : p	키워드 :

틀린이유 :

문제	내가 적은 오답
	정답

풀이

날 짜 :	년 월 일	회 독 : ○ ○ ○ ○ ○
문제번호 :	페이지 : p	키워드 :

틀린이유 :

문제	내가 적은 오답
	정답

풀이

날 짜 :	년 월 일	회 독 : ○ ○ ○ ○ ○
문제번호 :	페이지 : p	키워드 :

틀린이유 :

문제	내가 적은 오답
	정답

풀이

날 짜 :	년 월 일	회 독 : ○○○○○
문제번호 :	페이지 : p	키워드 :

틀린이유 :

문제	내가 적은 오답
	정답

풀이

날 짜 :	년 월 일	회 독 : ○○○○○
문제번호 :	페이지 : p	키워드 :

틀린이유 :

문제	내가 적은 오답
	정답

풀이

날 짜 :	년 월 일	회 독 : ○○○○○
문제번호 :	페이지 : p	키워드 :

틀린이유 :

문제	내가 적은 오답
	정답

풀이

날 짜 :	년 월 일	회 독 : ○○○○○
문제번호 :	페이지 : p	키워드 :

틀린이유 :

문제	내가 적은 오답
	정답

풀이

날 짜:	년 월 일	회 독 : ○○○○○
문제번호 :	페이지 : p	키워드 :

틀린이유 :

문제	내가 적은 오답
	정답

풀이

날 짜:	년 월 일	회 독 : ○○○○○
문제번호 :	페이지 : p	키워드 :

틀린이유 :

문제	내가 적은 오답
	정답

풀이

날　짜 :	년　월　일	회　독 : ○○○○○
문제번호 :	페이지 :　　　p	키워드 :

틀린이유 :

문제	내가 적은 오답
	정답

풀이

날　짜 :	년　월　일	회　독 : ○○○○○
문제번호 :	페이지 :　　　p	키워드 :

틀린이유 :

문제	내가 적은 오답
	정답

풀이

날 짜: 년 월 일	회 독 : ○○○○○
문제번호: 페이지 : p	키워드 :

틀린이유 :

문제	내가 적은 오답
	정답

풀이

날 짜: 년 월 일	회 독 : ○○○○○
문제번호: 페이지 : p	키워드 :

틀린이유 :

문제	내가 적은 오답
	정답

풀이

날　짜 :	년　　월　　일	회　독 : ○○○○○
문제번호 :	페이지 :　　　p	키워드 :

틀린이유 :

문제	내가 적은 오답
	정답

풀이

날　짜 :	년　　월　　일	회　독 : ○○○○○
문제번호 :	페이지 :　　　p	키워드 :

틀린이유 :

문제	내가 적은 오답
	정답

풀이

날　짜 :	년　　월　　일	회　독 : ○○○○○
문제번호 :	페이지 :　　p	키워드 :

틀린이유 :

문제	내가 적은 오답
	정답

풀이

날　짜 :	년　　월　　일	회　독 : ○○○○○
문제번호 :	페이지 :　　p	키워드 :

틀린이유 :

문제	내가 적은 오답
	정답

풀이

날 짜:	년 월 일	회 독 : ○○○○○
문제번호 :	페이지 : p	키워드 :

틀린이유 :

문제	내가 적은 오답
	정답

풀이

날 짜:	년 월 일	회 독 : ○○○○○
문제번호 :	페이지 : p	키워드 :

틀린이유 :

문제	내가 적은 오답
	정답

풀이

날 짜:	년 월 일	회 독 : ○○○○○
문제번호 :	페이지 : p	키워드 :

틀린이유 :

문제	내가 적은 오답
	정답

풀이

날 짜:	년 월 일	회 독 : ○○○○○
문제번호 :	페이지 : p	키워드 :

틀린이유 :

문제	내가 적은 오답
	정답

풀이

날 짜 :	년 월 일	회 독 : ○○○○○
문제번호 :	페이지 : p	키워드 :

틀린이유 :

문제	내가 적은 오답
	정답

풀이

날 짜 :	년 월 일	회 독 : ○○○○○
문제번호 :	페이지 : p	키워드 :

틀린이유 :

문제	내가 적은 오답
	정답

풀이

날 짜 :	년 월 일	회 독 : ○○○○○
문제번호 :	페이지 : p	키워드 :

틀린이유 :

문제	내가 적은 오답
	정답

풀이

날 짜 :	년 월 일	회 독 : ○○○○○
문제번호 :	페이지 : p	키워드 :

틀린이유 :

문제	내가 적은 오답
	정답

풀이

날 짜:	년 월 일	회 독 : ○○○○○
문제번호 :	페이지 : p	키워드 :

틀린이유 :

문제	내가 적은 오답
	정답

풀이

날 짜:	년 월 일	회 독 : ○○○○○
문제번호 :	페이지 : p	키워드 :

틀린이유 :

문제	내가 적은 오답
	정답

풀이

날 짜:	년 월 일	회 독 : ○○○○○
문제번호 :	페이지 : p	키워드 :

틀린이유 :

문제	내가 적은 오답
	정답

풀이

날 짜:	년 월 일	회 독 : ○○○○○
문제번호 :	페이지 : p	키워드 :

틀린이유 :

문제	내가 적은 오답
	정답

풀이

날　짜：	년　　월　　일	회　독：○○○○○
문제번호：	페이지：　　p	키워드：

틀린이유 :

문제	내가 적은 오답
	정답

풀이

날　짜：	년　　월　　일	회　독：○○○○○
문제번호：	페이지：　　p	키워드：

틀린이유 :

문제	내가 적은 오답
	정답

풀이

날 짜 :	년 월 일	회 독 : ○○○○○
문제번호 :	페이지 : p	키워드 :

틀린이유 :

문제	내가 적은 오답
	정답

풀이

날 짜 :	년 월 일	회 독 : ○○○○○
문제번호 :	페이지 : p	키워드 :

틀린이유 :

문제	내가 적은 오답
	정답

풀이

날 짜 :	년 월 일	회 독 : ○○○○○
문제번호 :	페이지 : p	키워드 :

틀린이유 :

문제	내가 적은 오답
	정답

풀이

날 짜 :	년 월 일	회 독 : ○○○○○
문제번호 :	페이지 : p	키워드 :

틀린이유 :

문제	내가 적은 오답
	정답

풀이

날 짜 :	년 월 일	회 독 : ○○○○○
문제번호 :	페이지 : p	키워드 :

틀린이유 :

문제	내가 적은 오답
	정답

풀이

날 짜 :	년 월 일	회 독 : ○○○○○
문제번호 :	페이지 : p	키워드 :

틀린이유 :

문제	내가 적은 오답
	정답

풀이

날 짜 :	년 월 일	회 독 : ○○○○○
문제번호 :	페이지 : p	키워드 :

틀린이유 :

문제	내가 적은 오답
	정답

풀이

날 짜 :	년 월 일	회 독 : ○○○○○
문제번호 :	페이지 : p	키워드 :

틀린이유 :

문제	내가 적은 오답
	정답

풀이

날　짜 :	년　　월　　일	회　독 : ○○○○○
문제번호 :	페이지 :　　p	키워드 :

틀린이유 :

문제	내가 적은 오답
	정답

풀이

날　짜 :	년　　월　　일	회　독 : ○○○○○
문제번호 :	페이지 :　　p	키워드 :

틀린이유 :

문제	내가 적은 오답
	정답

풀이

날 짜: 년 월 일	회 독 : ○○○○○
문제번호 : 페이지 : p	키워드 :

틀린이유 :

문제	내가 적은 오답
	정답

풀이

날 짜: 년 월 일	회 독 : ○○○○○
문제번호 : 페이지 : p	키워드 :

틀린이유 :

문제	내가 적은 오답
	정답

풀이

날 짜 :	년 월 일	회 독 : ○○○○○
문제번호 :	페이지 : p	키워드 :

틀린이유 :

문제	내가 적은 오답
	정답

풀이

날 짜 :	년 월 일	회 독 : ○○○○○
문제번호 :	페이지 : p	키워드 :

틀린이유 :

문제	내가 적은 오답
	정답

풀이

날 짜 :	년 월 일	회 독 : ○○○○○
문제번호 :	페이지 : p	키워드 :

틀린이유 :

문제

내가 적은 오답

정답

풀이

날 짜 :	년 월 일	회 독 : ○○○○○
문제번호 :	페이지 : p	키워드 :

틀린이유 :

문제

내가 적은 오답

정답

풀이

날　짜 :	년　월　일	회 독 : ○○○○○
문제번호 :	페이지 :　p	키워드 :

틀린이유 :

문제	내가 적은 오답
	정답

풀이

날　짜 :	년　월　일	회 독 : ○○○○○
문제번호 :	페이지 :　p	키워드 :

틀린이유 :

문제	내가 적은 오답
	정답

풀이

날　짜 :	년　월　일	회　독 : ○○○○○
문제번호 :	페이지 :　　p	키워드 :

틀린이유 :

문제	내가 적은 오답
	정답

풀이

날　짜 :	년　월　일	회　독 : ○○○○○
문제번호 :	페이지 :　　p	키워드 :

틀린이유 :

문제	내가 적은 오답
	정답

풀이

날 짜 :	년 월 일	회 독 : ○○○○○
문제번호 :	페이지 : p	키워드 :

틀린이유 :

문제	내가 적은 오답
	정답

풀이

날 짜 :	년 월 일	회 독 : ○○○○○
문제번호 :	페이지 : p	키워드 :

틀린이유 :

문제	내가 적은 오답
	정답

풀이

날 짜 :	년 월 일	회 독 : ○○○○○
문제번호 :	페이지 : p	키워드 :

틀린이유 :

문제	내가 적은 오답
	정답

풀이

날 짜 :	년 월 일	회 독 : ○○○○○
문제번호 :	페이지 : p	키워드 :

틀린이유 :

문제	내가 적은 오답
	정답

풀이

날 짜:		년 월 일		회 독 : ○○○○○
문제번호 :		페이지 : p		키워드 :

틀린이유 :

문제	내가 적은 오답
	정답

풀이

날 짜:		년 월 일		회 독 : ○○○○○
문제번호 :		페이지 : p		키워드 :

틀린이유 :

문제	내가 적은 오답
	정답

풀이

날 짜 :	년 월 일	회 독 : ○○○○○
문제번호 :	페이지 : p	키워드 :

틀린이유 :

문제	내가 적은 오답
	정답

풀이

날 짜 :	년 월 일	회 독 : ○○○○○
문제번호 :	페이지 : p	키워드 :

틀린이유 :

문제	내가 적은 오답
	정답

풀이

SEOWONGAK